TrabiTour
VMBO-LBK/GT
Lehrarbeitsbuch

4

WWW.TRABITOUR.NOORDHOFF.NL

DERDE EDITIE

AUTEURS
Gert Baas
Carine Ettema
Kees van Eunen
Linda Harshagen
Karoline Heidrich
Marcel den Hollander
Willemijn van Kreel
Arjan Krijgsman
Caroline Maser
Matthias Mitzschke
Yolande Schyns
Anke Vinzelberg
Nienke Vlak

Welterusten!	Gute N8	Gute Nacht
Ben je nog wakker?	BIDUNOWA?	Bist du noch wach?
Tot gauw!	BB	Bis bald!
Ben zo bij je!	BIGBEDI	Bin gleich bei dir
Heel veel groetjes!	GVLG	Ganz viele liebe Grüße
Hou van jou!	HDL	Hab' dich lieb!
Ik houd van je!	ILD	Ich liebe dich
Groetjes	LG	Liebe Grüße
Ik ga slapen	Zzzzzzz	schlafen
Schrijf gauw!	SB	Schreib bald
Zullen we iets afspreken?	WOWIMAT	Wollen wir uns mal treffen?
We bellen!	WTEL	Wir telefonieren
Weekend!	WE	Wochenende
Ik mis je!	VD	Vermisse dich

►Site — Als je deze verwijzing ziet staan, ga je naar de website van *TrabiTour* om de opdracht te kunnen maken.

 Dit is een extra opdracht die je kunt maken als je tijd over hebt.

 Deze opdracht maak je met twee of meer leerlingen.

 Dit is een opdracht waarin je de leerstof nog een keer kunt oefenen.

 Dit is een luister- of kijkopdracht. Ga naar de website van *TrabiTour*.

 Dit is een opdracht waarbij je een woordenboek nodig hebt.

 Dit is een creatieve opdracht.

 Dit is een *Witz*.

 Dit is een opdracht uit een projecthoofdstuk.

 Dit is een spreek- of uitspraakopdracht.

 Dit is een luister- of kijkopdracht.

 Dit is een leesopdracht.

 Dit is een schrijfopdracht.

 Dit is *Landeskunde*.

Dit is een raadsel, een creatieve opdracht, een woordenboekopdracht of een opdracht over woorden of grammatica.

Inhoudsopgave

Hallo da! Ich bin Trabi und ich liebe Deutsch!

ordhoff Uitgevers bv

10 Unterwegs!

Er zijn kleine verschillen tussen Nederland en Duitsland als het om verkeer en vervoer gaat. Zo wordt er in Nederland veel meer gefietst dan in Duitsland. Maar als een Duitser op de fiets stapt, dan zet hij meestal eerst een helm op. In Nederland zie je dat veel minder. Een ander verschil is de snelheid op de snelwegen. Wat wel weer hetzelfde is in beide landen: je kunt tegenwoordig met bijzondere vervoermiddelen een stad leren kennen. Bijvoorbeeld met een Segway of een riksja.
Dit *Kapitel* gaat over verkeer en vervoer. *Startet die Motoren! Es geht los!*

Mehr Verkehr? Nein danke!

1 Landeskunde

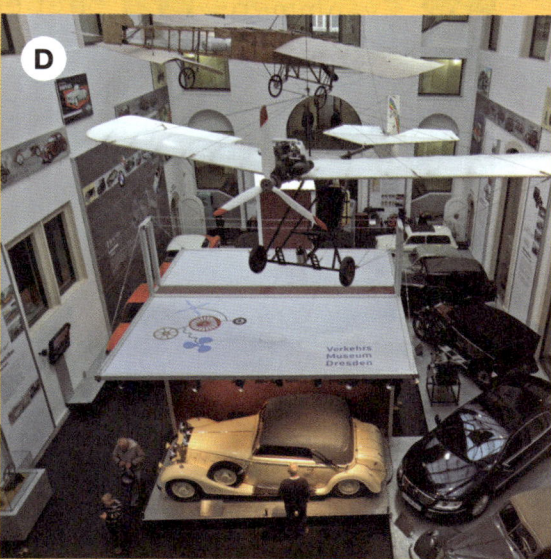

a Lees de inleiding. **Bekijk** foto A en **lees** het bericht.

b Lees de teksten in het kader en **maak** van de letters een Duits automerk.

---

1 Het was de bedoeling om een een auto voor het volk maken. In welke Duits automerk

zit het woord 'volk'? NEGAWSKLOV _____

2 August Horch zocht een naam voor zijn automerk. Hij kwam erachter wat *Horch* in het Latijn betekent. *Horchen* betekent in het Nederlands luisteren. Welk Duits automerk

heeft een Latijnse naam die *Horch* betekent? DIUA _____

3 Een Oostenrijkse zakenman was geïnteresseerd in een Duits automerk, dat nog niet zo lang op de markt was. Hij ging met deze auto ook racen. Zijn raceteam noemde hij naar zijn tienjarige dochter.
Welk Duits automerk heeft een meisjesnaam als merknaam?

ERMDCEES _____

4 Welk Duits automerk heeft de naam van de oprichter?

ORHPSCE _____

5 Welk automerk hoort bij de zin *Wir leben Autos*?

LPOE _____

6 De naam van dit automerk heeft drie letters. Welk automerk heeft drie letters?

MWB _____

---

c Bekijk foto B en **lees** het bericht.

oordhoff Uitgevers bv

Welke bezienswaardigheid wordt als eerste in het bericht genoemd? **Geef** de foto die als eerste genoemd wordt het cijfer 1, de foto die als tweede genoemd wordt het cijfer twee, enzovoort.

d Bekijk foto C en **lees** het bericht.

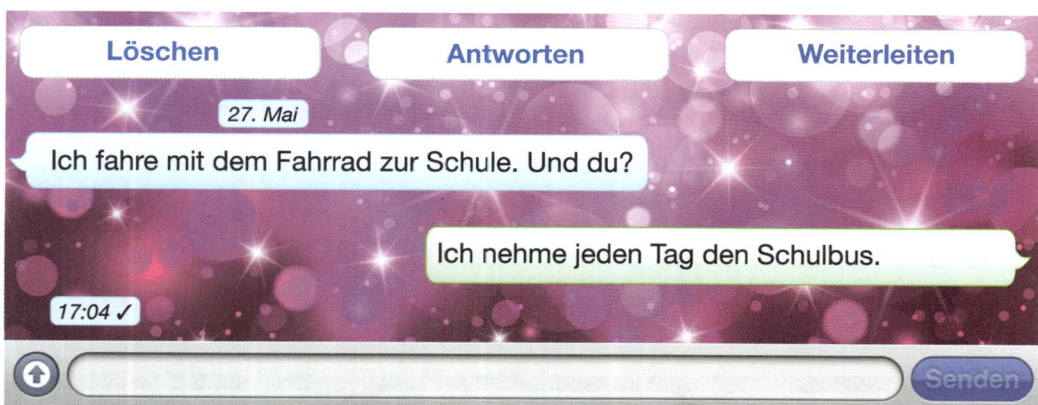

Wie maakt gebruik van welk vervoermiddel? **Volg** de lijn en **schrijf** op hoe de scholieren naar school gaan. **Kies** steeds een woord uit het kader.

Fahrrad – Auto – Straßenbahn – zu Fuß – Bus – U-Bahn

1. Anna: _____
2. Tom: _____
3. Emma: _____

4. Yasmine: _____
5. Jonas: _____
6. Mesut: _____

e Bekijk foto D en **lees** het bericht.

Kruis aan of de zinnen *richtig* of *falsch* zijn.

r   f

○ ○   1. Anna was met een paar vrienden in het verkeersmuseum.
○ ○   2. In het museum is alleen een tentoonstelling over de spoorwegen te zien.

2 Sprechen

Werk in tweetallen. **Maak** om de beurt een zin. **Doe** dit als volgt.
- **Kies** een woord of woordgroep uit de eerste kolom, bijvoorbeeld *Meine Katze*.
- **Kies** een werkwoord uit de tweede kolom dat erbij past en **vervoeg** dit; *liegen* wordt bijvoorbeeld *liegt*.
- **Kies** een woord of woordgroep uit de derde kolom dat erbij past en **vertaal** dit in het Duits, bijvoorbeeld 'onder de sofa' = *unter dem Sofa*.
  De hele zin: *Meine Katze liegt unter dem Sofa*.

Mein Lieblingstier	sein	tien jaar oud worden
Er	~~liegen~~	spinnen
Dieses Tier	haben	een hamster
Meine Schwester	können	~~onder de sofa~~
Mein Hund	führen	geen huisdier
~~Meine Katze~~	heißen	de hond uit
Mein Bruder	Angst haben vor	Dabi

3 Wörter

Schrijf bij elke tekening de naam van een dier, natuurlijk in het Duits. **Schrijf** er ook *der*, *die*, of *das* bij. **Let** op: je moet bij elke tekening een andere dierennaam opschrijven.

_____   _____

_____   _____

_____   _____

_____   _____

4 Hören

⭐A2

De opa van Tobi woont bij Tobi en zijn ouders. Tobi is gek op zijn opa, al vraagt opa soms veel van zijn kleinzoon. **Luister** op de `▶ Site` naar *Du wartest im Auto* en **lees** mee. **Schrijf** in de samenvatting de ontbrekende woorden.

Du wartest im Auto

Tobis Opa wohnt bei Tobi und seinen Eltern. Ab und zu möchte Opa, dass Tobi ihm hilft.

Opa: Tobi, such' mir mal raus, wie ich zur Neustraße komme.

Tobi: Sorry, ich darf um diese Uhrzeit von meinen Eltern aus nicht im Internet surfen. Das weißt du.

Opa: Ach Junge. Bitte. Machst du es jetzt?

Tobi: Für € 2,-. Hahaha! Also, Neustraße. Die liegt hier fünfunddreißig Minuten entfernt. Fährst du mit dem Auto?

Opa: Mit dem Bus. Der hält ja hier um die Ecke.

Tobi: Der Bus, den du brauchst, hält in der Dorfstraße. Jede halbe Stunde fährt einer. Um fünf vor jede Stunde und um fünf vor halb.

Opa: Im Regen zu Fuß zur Dorfstraße in meinem Anzug und mit meinen neuen Schuhen? Nein!

Tobi: Und mit den Rosen. Die sind schön. Für wen sind die, Opa?

Opa: Egal. Dann fahre ich mit dem Auto. Guck', wie ich fahren muss.

Tobi: Das Auto hat doch ein Navi.

Opa: Kann ich nicht bedienen. Guck' im Internet!

Tobi: Immer geradeaus, an der ersten Ampel rechts, bei dem zweiten Kreisverkehr links, dann die dritte Straße…

Opa: Genug. Du kommst mit.

Tobi: Wieso das denn?

Opa: Du bedienst das Navi im Auto, ich fahre.

Tobi: Und was mach' ich, während du bei der Dame bist, der du die schönen Rosen schenkst?

Opa: Egal für wen die sind. Du wartest im Auto. So lange bleib' ich nicht.

Tobi: Das kann ich nur hoffen.

Vandaag moest ik voor m'n **(1)** _____ op internet opzoeken waar de

Nieuwstraat is. Ik kreeg van hem **(2)** _____ om dat te doen. Eerst

wilde hij met de **(3)** _____ naar de Nieuwstraat, maar het regende en

hij had geen zin om in de regen naar de bushalte te lopen. Toen heeft hij de

(4) _____ genomen. Ik moest mee. Dat vond ik een beetje gek. Ik had

thuis al opgezocht hoe opa moest rijden: eerst rechtdoor, bij de eerste stoplichten

(5) _____, bij de tweede rotonde links, dan de derde

(6) _____ ... en toen, o ja, toen zei opa: 'Genoeg. Jij komt mee.'

Ik denk trouwens dat hij bij een **(7)** _____ op bezoek ging, want hij

had **(8)** _____ bij zich. En ik? Ik moest in de auto wachten.

5 Grammatik: de vervoeging van het werkwoord (1)

In de volgende opdrachten herhaal je hoe je de stam van een werkwoord maakt.

a Schrijf onder elke tekening een werkwoord uit het kader.

bezahlen – essen – föhnen – lesen – parken – trinken

_____

_____

_____

_____

_____

_____

_____

_____

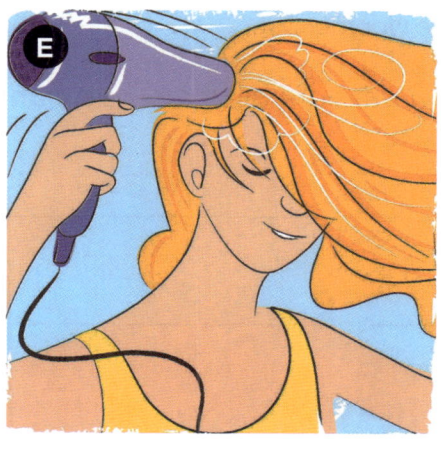

_____   _____

_____   _____

b Schrijf nu de stam van de werkwoorden uit opdracht **a** onder de tekeningen.

c Maak de volgende zin af.

De stam van een werkwoord maak je door de laatste _____
letters van het werkwoord weg te halen.

6 Wörterliste A

a De volgende woorden hebben met verkeer te maken. **Lees** de woorden een keer goed door.

	DER-woorden
de bus	der Bus
de chauffeur	der Fahrer
het ongeluk	der Unfall
de parkeerplaats	der Parkplatz
de personenauto	der PKW
de schade	der Schaden
de trein	der Zug
de voetganger	der Fußgänger
de vrachtauto	der LKW
	DIE-woorden
het kaartje	die Fahrkarte
de metro	die U-Bahn
de spoorwegen	die Bahn
de tram	die Straßenbahn
de vertraging	die Verspätung
	DAS-woorden
de auto	das Auto
de brommer	das Moped
de fiets	das Fahrrad
de motor	das Motorrad
het schip	das Schiff
het vliegtuig	das Flugzeug

Ein wenig Kerosin gibt mir Flügel!

b Maak zinnen zoals in het voorbeeld. **Gebruik** de woordenlijst.

Auto / Fahrrad / ist schneller als   *Das Auto ist schneller als das Fahrrad.*

1. U-Bahn / Straßenbahn / ist langsamer als

_____

2. Motorrad / Moped / ist größer als

_____

3. Zug / Bus / ist kleiner als

_____

4. Flugzeug / Auto / hat mehr Passagiere als

_____

c Leer nu de woorden Nederlands-Duits en Duits-Nederlands. Je kunt de woorden ook oefenen op de ▶ **Site** .

 **Lesen**

Elch auf Autobahn bei Berlin

Auf einer Autobahn bei Berlin hat es einen Verkehrsunfall mit einem Elch gegeben. Ein Augenzeuge berichtet: 'Samstagmorgen, es ist noch früh: Ein Elch überquert *(steekt over)* die Autobahn. Plötzlich wird der Elch von *(door)* einem Auto angefahren und ist tot. Der Fahrer im Auto ist verletzt.' Das getötete Tier ist etwa 800 Kilo schwer und vier Jahre alt. Früher – um 1500 – lebten Elche auch in Deutschland. Wie der Elch in die Nähe von Berlin gekommen ist, weiß niemand.

Nach: www.sowieso.de

a Elanden? Die zie je in Duitsland ook weleens. **Lees** de tekst *Elch auf Autobahn bei Berlin*. Wat is het onderwerp van de tekst? **Kruis** het juiste antwoord aan.

O A   Er is een eland in de buurt van Hamburg gezien.
O B   Elanden komen in Duitsland nog veel voor.
O C   Een eland die de snelweg overstak, is doodgereden.

b Vul de informatie over de eland in het Duits in.

Tier: _____

Alter: _____

Gewicht: _____

8 Hören

⭐A1

Hoe gaan de jongeren naar school en hoe lang doen zij erover? **Luister** op de ► **Site** naar *Mit dem Bus oder zu Fuß?* **Kruis** eerst bij de persoon het vervoermiddel aan dat hij of zij neemt. **Omcirkel** daarna in de laatste kolom van de tabel aan hoe lang hij of zij onderweg is.

	bus	fiets	metro	te voet	auto	tram	is ... minuten onderweg
1. Diego							15 / 20 / 25
2. Emma							20 / 25 / 30
3. Lena							10 / 15 / 20
4. Amelie							25 / 30 / 35
5. Jonas							5 / 10 / 15
6. Deniz							minder dan 10 / 15 / 20

9 Rätsel

B = T   - IEFEL   - B – N

_____   _____   _____

a Maak de rebus. Welk woord staat er als je de drie woorden achter elkaar zet?

_____

b Wat betekent het woord uit opdracht **a**? **Zoek** het op in een woordenboek.

_____

10 Wörter

Lees het krantenbericht en **vul** de ontbrekende woorden in. **Gebruik** de woorden in het kader. Je houdt er twee over.

> Auto – Fahrer – Katze – Mutter – Richtungen – schnell – Bahn – Unfall

---

Verkehrsunfall auf der L127

Hamburg – Auf der L127 bei Hamburg ist ein **(1)** _____ passiert. Ein junger

Mann verlor die Kontrolle über sein **(2)** _____. Er prallte gegen (*knalde op*)

einen VW-Golf. Der **(3)** _____ in diesem Auto war mit seiner Frau und zwei

Kindern nach Hamburg unterwegs. Der Volkswagen kippte um.

Drei Personen wurden leicht (*licht*) verletzt. Zwei Töchter und die **(4)** _____

wurden in ein Krankenhaus gebracht.

Der junge Mann ist wahrscheinlich zu **(5)** _____ gefahren. Nach dem Unfall war

die L127 in beiden **(6)** _____ drei Stunden lang gesperrt (*afgesloten*).

---

11 Sehen und Hören

 ⭐A2

Marcel woont in een WG en wil verpleegkundige worden. **Bekijk** op de ▶ Site het filmpje *Trabisafari.* **Kruis** tijdens het kijken A of B aan.

1. Hoe lang heeft Marcel nog vakantie?
   - ○ A   een paar dagen
   - ○ B   een week

2. Uit hoeveel auto's kan er worden gekozen?
   - ○ A   uit meer dan honderd
   - ○ B   uit minder dan honderd

3. Hoe lang duurt de rit?
   - ○ A   ongeveer drie kwartier
   - ○ B   bijna een uur

4. Heeft Christoph ook een rijbewijs?
   - ○ A   ja
   - ○ B   nee

5. Hoe heette voor 1989 een belangrijke grensovergang?
   - O A Checkpoint Charlie
   - O B Checkpoint Harly

6. Wat gaan Marcel en Christoph na de rit doen?
   - O A Ze gaat iets drinken.
   - O B Ze gaan iets eten.

12 Grammatik: de vervoeging van het werkwoord (2)

In de volgende opdrachten herhaal je hoe je werkwoorden vervoegt.

a Schrijf de Duitse persoonlijke voornaamwoorden achter de Nederlandse.
Gebruik de woorden uit het kader.

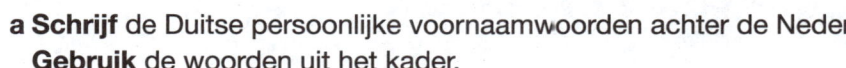

ich, sie, ihr, er, Sie, du, sie, es, wir

ik	= *ich*	wij	= _____
jij	= _____	jullie	= _____
hij	= _____	zij (mv)	= _____
zij (enk)	= _____	u	= _____
het	= _____		

b Schrijf achter de stam van *wohnen* de juiste uitgang. **Gebruik** alle letters uit het kader.

EN – T – ST – E – T – EN – T – EN – T

ich	wohn*e*	wir	wohn_____
du	wohn_____	ihr	wohn_____
er	wohn_____	sie	wohn_____
sie	wohn_____	Sie	wohn_____
es	wohn_____		
		ich habe gewohnt	

c Leer nu de persoonlijke voornaamwoorden en het werkwoord *wohnen*. In opdracht **19** ga je oefenen met de vervoeging van *wohnen* en andere werkwoorden.

13 Wörter

Geef de woorden die bij elkaar horen dezelfde kleur.

Fahrer	landen	Bus	Verspätung
Unfall	Motorrad	Schiff	Flugzeug
Helm	Schaden	Kapitän	fünf Minuten

14 Lied

Mambo

Ich hass nichts mehr, als mich zu verspäten
Die Sonne brennt, und im Auto ist's heiß
Ein Hupkonzert wie von tausend Trompeten
Ich will zu dir, nun steh ich hier, so'n Scheiß

Ich drehe schon seit Stunden
Hier so meine Runden
Es trommeln die Motoren
Es dröhnt in meinen Ohren
Ich finde keinen Parkplatz
Ich komm zu spät zu dir, mein Schatz
Du sitzt bei Kaffee und Kuchen
Und ich muss weiter suchen

An jeder Ecke steh'n Politessen
Lauern wie Panther, zum Sprung bereit
Hier kannste nicht parken, das kannste vergessen
Haben alles im Griff, weit und breit

Ich drehe schon seit Stunden
Hier so meine Runden
Es trommeln die Motoren
Es dröhnt in meinen Ohren
Ich finde keinen Parkplatz
Ich komm zu spät zu dir, mein Schatz
Du sitzt bei Kaffee und Kuchen
Und ich such hier rum

Auto fängt an zu kochen
Puls an zu pochen
Werde langsam panisch,
klitschnass geschwitzt
Es ist nicht zu fassen
Solche Automassen
Haben die kein Zuhause,
ich will zu dir

Ich drehe schon seit Stunden
Hier so meine Runden
Es trommeln die Motoren
Es dröhnt in meinen Ohren
Ich finde keinen Parkplatz
Ich komm zu spät zu dir, mein Schatz
Du sitzt bei Kaffee und Kuchen
Und ich kurv hier rum

Herbert Grönemeyer. *Mambo*

a Luister op de ▸ Site naar het lied *Mambo*. **Lees** de tekst mee.

b Lees de tekst nog een keer. **Zet** de tekeningen in de juiste volgorde.

A   B

C

D

Juiste volgorde: _____

c Luister nog een keer naar het lied en **zing** mee! Op de ▶ Site staat ook een karaokeversie!

15 Aussprache

a Sommige letters worden in het Duits anders uitgesproken dan in het Nederlands. Als er een *Umlaut* op een klinker staat bijvoorbeeld. Deze letters ga je nu herhalen.

Luister op de ▶ Site naar de woorden en **omcirkel** in de laatste kolom hoe je de letter uitspreekt.

Zo schrijf je de letter	Voorbeelden	Zo spreek je de letter uit
1. u	d<u>u</u>	oe – uu
2. ü	M<u>ü</u>nster	uu – oe
3. a	R<u>a</u>dio	aa – ah
4. ä	L<u>ä</u>den	ee – aa
5. ä	B<u>ä</u>cker	è – ee
6. o	w<u>o</u>	oo – oh
7. ö	h<u>ö</u>ren	eu – uh
8. ö	K<u>ö</u>pfe	eu – uh

b Luister op de ▶ Site naar de uitspraak van de woorden en **onderstreep** het woord dat je hoort.

1. Mutter   Mütter
2. Vogel   Vögel
3. schon   schön
4. Hammer   Hämmer
5. Mantel   Mäntel
6. Ofen   Öfen
7. Apfel   Äpfel
8. Bruder   Brüder

16 Lesen

München – Berlin – Hinfahrt

Bahnhof	Datum	Zeit	Gleis	Dauer	Umst.	Preis p.P.
München Hbf	Sa. 19.09.	ab 11:15		6:08	0	€ 125,-
Berlin Hbf	Sa. 19.09.	an 17:23				
München Hbf	Sa. 19.09.	ab 11:15	23			
Ingolstadt Hbf		ab 12:00	4			
Nürnberg Hbf		ab 12:34	6			
Jena Paradies		ab 14:57	2			
Naumburg Hbf		ab 15:29	2			
Halle Hbf		ab 16:02	5			
Berlin Südkreuz		ab 17:18	8			
Berlin Hbf	Sa. 19.09.	an 17:23	7			

Hier zie je gegevens van de Duitse Spoorwegen – de *Deutsche Bahn* – over een treinreis.
Stel je voor: jouw opa en oma maken een reis door Duitsland. Vandaag gaan ze van
München naar Berlijn. Ze sturen jou het overzichtje, omdat ze niet alles snappen. **Bekijk** de
informatie over hun treinreis en **beantwoord** de vragen.

1. Over welk treinreis wordt informatie gegeven? *Over de reis van* _____

   naar _____.

2. De reis kost € 125,-. Is dat de prijs voor een enkele reis of voor een retour? **Leg** je

   antwoord uit. _____

3. Hoe laat is de trein in 'Berlijn Hbf'? _____

4. De afkorting *Hbf* betekent *Hauptbahnhof*. Wat betekent dat in het Nederlands? _____

   _____

17 Sprechen

Werk in tweetallen. **Voer** het gesprek in het Duits. Jij bent A, een klasgenoot is B.
B **beantwoordt** de vragen in het Duits in hele zinnen. **Wissel** van rol. **Gebruik** de tabel uit
opdracht **16**.

A	B
Wie lange dauert die Reise?	*Die Reise dauert 6 Stunden und 8 Minuten.*
Wann fährt der Zug aus München ab?	…
Wann kommt der Zug aus Halle an?	…
Wie viel kostet die Fahrkarte?	…

18 Hören

A2

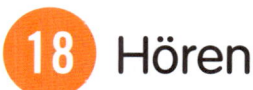

a Luister op de ▸ **Site** naar *Verkehrsmeldungen*. **Schrijf** de letter die voor het probleem staat bij de juiste weg. **Kies** uit:

O = *Ölspuren* – olie op de weg
D = *Baustelle* – wegwerkzaamheden
P = *Gegenstände auf der Fahrbahn* – voorwerpen op de snelweg
M = *Unfallstelle in einer Kurve* – ongeluk in een bocht
E = *defekter LKW* – een vrachtwagen is kapot

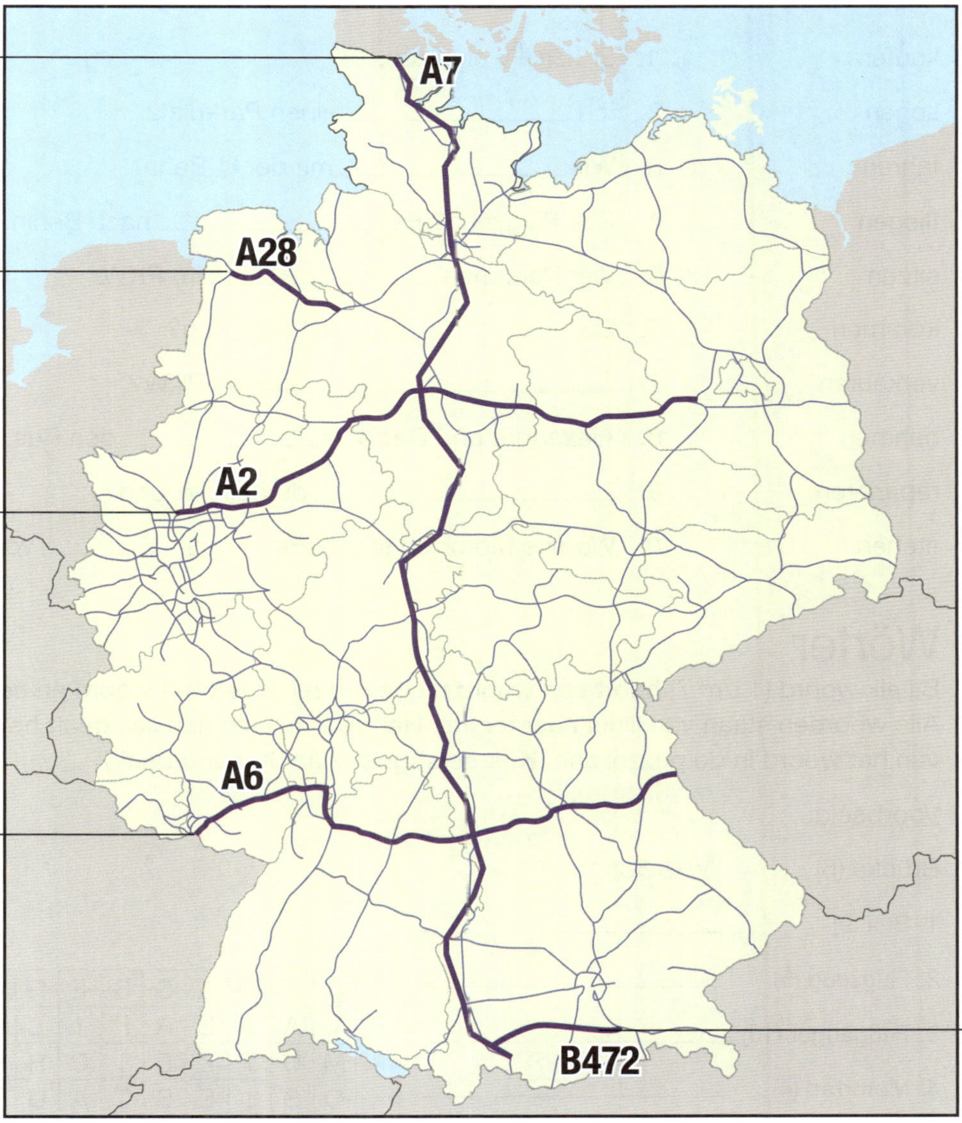

b Maak van de letters die je hebt opgeschreven een woord dat met vervoer heeft te maken.

____

19 Grammatik: de vervoeging van het werkwoord (3)

Schrijf de juiste vorm van het werkwoord op. **Lees** eerst het stappenplan. Weet je het niet meer? **Kijk** dan in het grammaticaoverzicht op ► Seite X .

Werkwoord: stappenplan juiste vorm

1. Maak de stam van het werkwoord. Vul die eerst in de zin in.
2. Kleur of onderstreep in de zin het persoonlijk voornaamwoord.
3. Schrijf achter de stam de uitgang die bij het persoonlijk voornaamwoord hoort.

kaufen	1.	Er *kauft* ein Auto.
sehen	2.	Ich _____ einen Parkplatz.
fahren	3.	Wir _____ mit der U-Bahn.
fliegen	4.	Das Flugzeug? Es _____ nach Berlin.
sitzen	5.	Vier Personen _____ im PKW.
kommen	6.	Du _____ mit dem Zug?
verkaufen	7.	_____ Sie den PKW?
nehmen	8.	Alexandra und Dacia _____ den Bus.
reparieren	9.	_____ du dein Moped?
stehen	10.	Wo das Motorrad steht? Es _____ vor dem Haus.

20 Wörter

Bij elk woord (1 t/m 7) hoort een woord uit de puzzel. **Zoek** dat woord en **schrijf** het op. Alle woorden staan van links naar rechts. Het getal tussen haakjes geeft het aantal letters van het woord in de puzzel aan. **Kijk** eerst goed naar het voorbeeld.

<u>Voorbeeld:</u>

Brücke (6)   *Wasser*

1. Bus (9)   _____
2. Flugzeug (5)   _____
3. Fußgänger (13) _____
4. Motorrad (4)   _____
5. Schaden (6)   _____
6. Schiff (7)   _____
7. Verspätung (4) _____

D	U	W	A	S	S	E	R	G	E	R	N	Z
V	A	T	E	R	P	I	L	O	T	J	A	O
M	Ü	T	Z	E	I	C	H	H	E	L	M	L
Ö	S	I	E	S	T	A	U	N	E	U	N	S
Z	E	B	R	A	S	T	R	E	I	F	E	N
W	I	R	U	N	F	A	L	L	D	R	E	I
I	E	N	K	A	P	I	T	Ä	N	W	O	G
S	O	H	N	F	A	H	R	K	A	R	T	E

21 Plauderecke A

Je vraagt / zegt	Du fragst / sagst	Du kannst antworten
1. Hoe kom ik bij het station?	Wie komme ich zum Bahnhof?	Hier geradeaus und dann die zweite Straße links.
2. Pardon, weet u waar de sporthal is?	Entschuldigung, wissen Sie wo die Sporthalle ist?	Ja, an der Ampel rechts. Dann am Ende von der Straße wieder rechts.
3. Is er in de buurt een bushalte?	Gibt es in der Nähe eine Bushaltestelle?	Ja, über die Kreuzung und dann rechts.
4. Bij het verkeerslicht links en dan rechtdoor?	An der Ampel links und dann geradeaus?	Ja, genau!
5. Waar is hier een geldautomaat?	Wo gibt es hier einen Geldautomaten?	Das weiß ich auch nicht. Neben dem Supermarkt ist eine Bank.

a Luister op de ► Site naar *Plauderecke A* en **lees** mee.

b Lees *Plauderecke A* nog een keer goed door.

c Werk in tweetallen. A **stelt** de vragen en B **geeft** antwoord. **Gebruik** de steekwoorden.

A

Bahnhof

Sporthalle

in der Nähe

Geldautomaten

wo – Bank

B

geradeaus, zweite

Ampel, Ende der Straße

weiß ich nicht

Kreuzung, rechts

Supermarkt

d Leer nu *Plauderecke A*.

22 Witz

Lees de mop en **beantwoord** de vraag in het Nederlands. Hoe lang doen de slakken over 50 meter?

_____

23 Nachrichtensprache

Vrienden sturen elkaar vaak berichten en gebruiken dan afkortingen. Wat betekenen de volgende afkortingen? **Zoek** bij elke afkorting de betekenis. **Vul** de antwoordbalk in.

1. Gute N8	A Ich liebe dich
2. BIDUNOWA?	B Hab dich lieb!
3. BB	C Wir telefonieren
4. BIGBEDI	D Vermiss dich! (*Ik mis je*)
5. GVLG	E Gute Nacht
6. HDL	F Wochenende
7. ILD	G Liebe Grüße
8. LG	H Wollen wir uns mal treffen?
9. Zzzzzzz	I Schreib bald
10. SB	J Bis bald (*Tot snel*)
11. WOWIMAT	K Bist du noch wach? (*Ben je nog wakker?*)
12. WTEL	L schlafen
13. WE	M Bin gleich bei dir (*Ben zo bij je*).
14. VD	N Ganz viel liebe Grüße

1.	2.	3.	4.	5.	6.	7.	8.	9.	10.	11.	12.	13.	14.
	K		M										

24 Wörterliste B

a De volgende woorden hebben ook met verkeer te maken. **Lees** de woorden een keer goed door.

	DER-woorden
de file	der Stau
het rijbewijs	der Führerschein
het station	der Bahnhof
het vliegveld	der Flughafen
	DIE-woorden
de brug	die Brücke
de bushalte	die Bushaltestelle
de kruising	die Kreuzung
de snelweg	die Autobahn
de straat	die Straße
het verkeerslicht	die Ampel
	DAS-woorden
de olie	das Öl
	OVERIGE WOORDEN
aankomen	ankommen
Kijk uit!	Vorsicht!
remmen	bremsen
terug	zurück
zich bevinden	sich befinden
zoeken	suchen

Au! Ich habe eine Reifenpanne...

b Schrijf in elke zin een woord uit de woordenlijst.

1. Auf der Autobahn gibt es in beiden Richtungen fünf km _____.

2. Eine _____ hat drei Farben: Rot, Grün und Gelb.

3. Eine _____ ist eine Straße über Wasser.

4. An einer _____ kommt Verkehr von links und rechts.

5. Der Zug wird zu spät am Bahnhof _____.

6. _____! Es kommt ein Auto von rechts!

c Leer nu de woorden Nederlands-Duits en Duits-Nederlands. Je kunt de woorden ook oefenen op de ► Site .

25 Hören

★A2

Timo wordt door twee controleurs in de metro gecontroleerd. Hij heeft geen kaartje, moet uitstappen en wordt op het perron ondervraagd. **Luister** op de ► Site naar *Blödmann* en **doe** de opdracht.

Stel je voor, jij bent Timo. Je wilt je vrienden vertellen wat er is gebeurd en **schrijft** in het Nederlands een bericht op Facebook.

Let op: je mag overdrijven en het verhaal spannender of grappiger maken. **Let** er wel op, dat de grote lijn van het verhaal klopt met wat je hoort. **Gebruik** de Duitse steekwoorden in het kader voor de opbouw van je verhaal. **Gebruik** eventueel een woordenboek.

> Ausweis – Fahrkartenautomat kaputt – 50 Euro – wiederholt alles – Handy – rennen – Gleis – U-Bahn

_____

_____

_____

_____

_____

_____

_____

_____

_____

_____

_____

_____

_____

26 Lesen

Führerschein weg

Der Sänger Chris Roberts wurde beim **Rasen erwischt**. Und das auch noch in Holland! 'Ich habe vergessen, dass man in Holland höchstens 130 fahren **darf**. Wie schnell ich gefahren bin? Das weiß ich nicht mehr. Die Holländer hätten mein Auto beschlagnahmen können *(in beslag kunnen nemen)*. Aber sie haben **erlaubt**, dass mich jemand **abholt**', sagt Chris. Jetzt muss Chris zwei Monate zu Fuß gehen: Der Führerschein ist weg.

Nach: Neue Welt, 30

a Lees de kop boven de tekst *Führerschein weg*. Wat denk je: waar gaat de tekst over?

_____

b Wat betekenen de vetgedrukte woorden in die tekst? **Zoek** bij een Duits woord de Nederlandse vertaling. **Kies** uit:

> gepakt – hard rijden – mag – ophaalt – toegestaan

1. *darf*   is een vorm van het werkwoord *dürfen* en betekent   _____.
2. *Rasen*   is een vorm van het werkwoord *rasen* en betekent   _____.
3. *erwischt* is een vorm van het werkwoord *erwischen* en betekent   _____.
4. *erlaubt*   is een vorm van het werkwoord *erlauben* en betekent   _____.
5. *abholt*   is een vorm van het werkwoord *abholen* en betekent   _____.

c Lees nu de tekst *Führerschein weg* en **beantwoord** de vragen in het Nederlands.

1. Waarom heeft Chris zijn rijbewijs moeten inleveren? _____
2. Wanneer krijgt hij zijn rijbewijs weer terug? _____

27 Grammatik: *haben* en *sein*

a Lees het volgende gesprek.

Hallo Lena! **Hast du** heute Zeit?	Hallo Vati! Ja, **ich habe** Zeit. Wieso?
Und Mutti und Tante Anna?	Nein, **sie sind** in der Stadt, **sie haben** keine Zeit. Wo **bist du**?
Ich bin noch in der Werkstatt.	Ich habe dich nicht verstanden. Wo **bist du**?
In der Werkstatt, hier steht ein Audi RS6.	Was? Ich komme sofort. Den will ich sehen!
Und dein Bruder, **ist er** da?	Ja, ich frage ihn, ob er mitkommt. *(Pause)* **Er hat** keine Zeit. Dann komme ich alleine zu dir. Bis gleich!

b Schrijf de ontbrekende vormen van *haben* en *sein* op. **Gebruik** het gesprek uit opdracht **a**.

hebben	**haben**		*hebben*	**haben**
ik heb	_____		wij hebben	wir haben
jij hebt	_____		jullie hebben	ihr habt
hij heeft	_____		zij hebben	_____
zij heeft	sie hat		u heeft	Sie haben
het heeft	es hat		ik heb gehad	ich habe gehabt
zijn	**sein**		*zijn*	**sein**
ik ben	_____		wij zijn	wir sind
jij bent	_____		jullie zijn	ihr seid
hij is	_____		zij zijn	_____
zij is	sie ist		u bent	Sie sind
het is	es ist		ik ben geweest	ich bin gewesen

c Vul in elke zin een vorm van *haben* of *sein* in.

1. Opa, _____ du ein Auto?

2. Der Stau _____ 13 Kilometer lang.

3. Frau Müller, _____ Sie einen Parkplatz gefunden?

4. Anna, _____ du am Bahnhof?

5. Er _____ eine Fahrkarte gekauft.

6. Herr Koch, Vorsicht, Sie _____ auf einer Kreuzung!

7. Ich _____ am Flughafen.

8. Kinder, _____ ihr lange gewartet *(gewacht)*?

9. Oh nein! Ich _____ die Ampel nicht gesehen.

10. Hallo, Yuri! Wir _____ jetzt auf der Autobahn.

d Leer de werkwoorden *haben* en *sein*.

28 Wörter

Maak van de tien woorden vijf langere woorden.

Karte – Auto – Fahr – ~~Taxi~~ – Flug – Bahn – Hafen – Haltestelle – Bus – ~~Fahrer~~

Taxifahrer, _____

_____

29 Aussprache

Werk in tweetallen. **Lees** om de beurt een zin voor.

1. Hans' Brüder spielen Fußball.
2. Amir liest Bücher.
3. Isst du Äpfel oder Melonen?
4. Achims Vater ist Bäcker.
5. Trude findet Surfen super.
6. Die Fotos sind schön.
7. Wo wohnt Otto Vogel?
8. Vögel haben Flügel.

30 Wörterbuch

Lees de volgende krantenkoppen. Ze hebben allemaal met verkeer te maken.
Vertaal steeds het onderstreepte woord. **Gebruik** een woordenboek.

1.

<u>Geisterfahrer</u> verursacht Unfall

_____

4.

Auto <u>überschlagen</u> und auf Dach gelandet

_____

2.

Motorradfahrer <u>verletzt</u>

_____

5.

<u>Rentner</u> fährt mit Auto in Menschengruppe

_____

3.

Radfahrer nach <u>Zusammenprall</u> mit Auto verletzt

_____

6.

Motorradfahrer <u>übersehen</u> und verletzt

_____

31 Aussprache

a Mevrouw Winthagen is ver over de zeventig. Ze reist niet meer zo vaak met het openbaar
vervoer. Vandaag gaat ze weer eens met de bus. **Lees** het gesprek *Das macht € 2,30, bitte.*

Das macht € 2,30, bitte!

**Frau Withagen möchte sich ein Volleyballspiel ansehen. Sie möchte mit dem Bus
zur Sporthalle fahren.**

Frau Winthagen: Guten Tag. Einen Einzelfahrschein zum Zentrum, bitte.
Busfahrer: Wohin genau im Zentrum möchten Sie denn?
Frau Winthagen: In die Nähe von der Sporthalle. Mein Enkel spielt dort heute Volleyball.
Busfahrer: Dann steigen Sie am besten in der Bergstraße in die Linie 42 um.
Diese Linie hält an der gleichen Bushaltestelle. Dann an der Ampel
links und geradeaus. Dann sehen Sie die Sporthalle schon.
Frau Winthagen: Danke. Sagen Sie mir bitte Bescheid, wann ich aussteigen muss?
Busfahrer: Das wird durchgesagt. Keine Sorge.
Frau Winthagen: Danke. Dann setze ich mich hier vorne hin. Wann fährt der Bus ab?
Busfahrer: Sofort. Nachdem Sie bezahlt haben. Das macht € 2,30 bitte.
Frau Winthagen: Die habe ich doch gerade bezahlt.
Busfahrer: Nein, haben Sie nicht.
Frau Winthagen: Doch, habe ich!
Busfahrer: Nein, haben Sie nicht. Ich bitte Sie. Das macht € 2,30.
Frau Winthagen: Schon gut. Schon gut. Bitte sehr.

---

b Oefen het gesprek met een klasgenoot. **Verdeel** de rollen. **Wissel** van rol.

c Werk in tweetallen. A **stelt** de vragen en B **geeft** antwoord. De antwoorden staan in het
gesprek *Das macht € 2,30, bitte.* **Wissel** na het gesprek van rol.

A	B
Wo im Zentrum muss Frau Winthagen sein?	…
Warum muss sie in der Sporthalle sein?	Ihr Enkel …
In welcher Straße muss sie umsteigen?	…
Welche Buslinie fährt zur Sporthalle?	…
Muss Frau Winthagen die Straße überqueren (*oversteken*)?	Nein, sie muss …
Sagt der Busfahrer, wo Frau Winthagen aussteigen muss?	Nein, das wird …

Klinkers	
Zo schrijf je het	**Zo spreek je het uit**
u	oe
ü	uu
a	aa / ah
ä	ee / è
o	oo / oh
ö	eu / uh
i / ie	ie
ei	ai
eu	oi
äu	oi

Medeklinkers	
Zo schrijf je het	**Zo spreek je het uit**
s	s of z
ss	s
ß	ss
z	ts

32 Spiel

Je gaat het spel *De meeste zinnen* spelen. **Lees** de volgende informatie goed door.

Wat heb je voor dit spel nodig?
– papiertjes waarop namen geschreven moeten worden;
– dobbelstenen en een hoed;
– een lijst met namen van leerlingen uit de klas.

Spelregels:
– Iedere leerling in de klas **schrijft** een voornaam op een papiertje. Liever geen naam die met een Y of Ü begint. Deze naam **doe** je in een hoed.
– De leraar begint het spel: hij / zij **gooit** met de dobbelstenen om een leerling uit te kiezen (nummer 12 is bijvoorbeeld Lena Mulder) en hij / zij **trekt** een naam uit de hoed (bijvoorbeeld 'Mark').
– Lena Mulder probeert nu in de afgesproken tijd (bijvoorbeeld 60 seconden) zoveel mogelijke zinnen met een M-woord erin (de 'M' van Mark!) te **maken**: Ich heiße **M**ark, ich höre gern **M**usik, ich wohne in **M**ünchen, enzovoort. Voor elke goede zin krijgt Lena één punt.
– Lena mag nu met de dobbelstenen **gooien** om een leerling uit te kiezen (nummer 19 is bijvoorbeeld Mike Timmer) en zij **trekt** een naam uit de hoed (bijvoorbeeld 'Sanne'). Mike Timmer probeert nu in de afgesproken tijd zoveel mogelijk zinnen met een S-woord erin te **maken**, enzovoort.
– De persoon met de meeste punten heeft gewonnen.
  Viel Spaß!

33 Hören

⭐A2

a Soms hebben leraren geen goede herinneringen aan leerlingen. **Luister** op de ▶ **Site** naar het eerste deel van *Die kenne ich doch. Und den kenne ich auch, und die auch...* Wat weet je over Klara? **Onderstreep** het juiste antwoord.

1. Klara's achternaam is   Mannhof   Mannheim.
2. Mevrouw Dinger was Klara's   sportlerares   mentor.
3. Mevrouw Dinger had een bijnaam: *die Stimme*   *die Strenge*.
4. Klara's zus heet   Susanne   Suzy.

b Luister op de ▸ Site naar het tweede deel. **Beantwoord** de vragen.

1. Welke bus nemen de zussen?

   Ze nemen lijn _____.

2. Welke route nemen de zussen,

   nadat ze zijn uitgestapt?

   Ze gaan eerst

   _____

   en dan bij _____

   rechts.

c Luister op de ▸ Site naar het derde deel. **Kruis** aan over wie of waarover de zin gaat.

	Herr Dolmecker	echtpaar Dinger	tassen	de zussen
1. Die zijn zwaar!	☐	☐	☐	☐
2. Uitstappen!	☐	☐	☐	☐
3. Wie moet de tassen dragen?	☐	☐	☐	☐
4. Die mensen met die blauwe regenjassen.	☐	☐	☐	☐

34 Grammatik: werkwoorden met stam op -s, -z, -ß

a Lees de volgende informatie.

Meestal schrijf je bij de persoon *du* achter de stam de letters 'st':
– du wohnst   – du spielst
– du kommst   – du machst

Als de stam eindigt op een 's', 'z' of 'ß' komt er bij *du* achter de stam **alleen een 't'**.

Nederlands:	*reizen*	*zitten*	*heten*
Duits:	reisen	sitzen	heißen
stam:	**reis**	**sitz**	**heiß**
ich	reis-e	sitz-e	heiß-e
du	reis-**t**	sitz-**t**	heiß-**t**
er / sie / es	reis-t	sitz-t	heiß-t
wir	reis-en	sitz-en	heiß-en
ihr	reis-t	sitz-t	heiß-t
sie	reis-en	sitz-en	heiß-en
Sie	reis-en	sitz-en	heiß-en

b Kleur de werkwoorden waarvan de stam eindigt op een 's', 'z' of 'ß'.

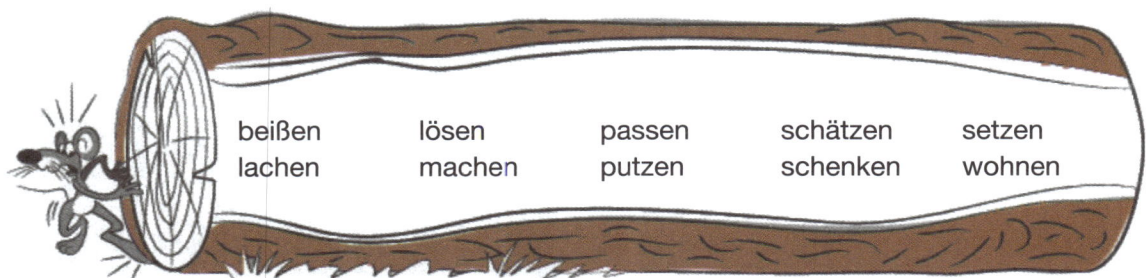

beißen	lösen	passen	schätzen	setzen
lachen	machen	putzen	schenken	wohnen

c Lees de zin en **streep** het foute woord door.

1. **Sitzt / Sitzst** du im Bus?
2. Er **kauft / kaufst** eine Fahrkarte.
3. Ich **wohn / wohne** in München.
4. Wir **schenkt / schenken** dir Rosen.
5. **Putzst / Putzt** du morgens deine Zähne?
6. **Kommt / Kommst** ihr auch?
7. Wohin **reist / reisen** Sie, Frau Schmidt?
8. Rachida **hast / hat** keine Zeit.

 **35** Lesen ⭐A2

Schülerticket wird nicht bezahlt

In Deutschland fahren viele Kinder mit dem Schulbus zur Schule. Meistens bezahlt die Gemeinde die Kosten für das Ticket. Der Schulweg muss dann mindestens zwei Kilometer lang sein.
Die Stadt Ibbenbüren liegt etwa 30 Kilometer von der niederländischen Grenze entfernt. Hier wohnt eine Familie, die das Schülerticket für ihren Sohn selber bezahlen soll. Und warum? Die Stadt hat den Schulweg gemessen und er ist 1,983 Kilometer lang, 17 Meter zu kurz. Das Ticket kostet € 390,- pro Jahr.

Nach: www.kiraka.de

Het gezin uit dit bericht baalt ervan dat de kosten van een buskaart niet worden vergoed.
Lees de tekst *Schülerticket wird nicht bezahlt* en **beantwoord** de vragen.

1. Wie betaalt meestal de kosten voor de schoolbus? _____

2. In welke stad woont het gezin? _____

3. Waarom worden de vervoerskosten niet vergoed?

_____

36 Plauderecke B

Je vraagt / zegt	Du fragst / sagst	Du kannst antworten
1. Hoe ga je naar school?	Wie gehst du zur Schule?	Ich nehme den Bus. Ich fahre mit dem Fahrrad. Ich fahre mit dem Roller. Ich gehe zu Fuß.
2. Waarom ben je zo laat?	Warum bist du so spät?	Ich habe den Zug verpasst. Der Bus hatte Verspätung.
3. Wanneer vertrekt de bus?	Wann fährt der Bus ab?	In fünf Minuten.
4. Welke tram rijdt naar de markt?	Welche Straßenbahn fährt zum Markt?	Die Linie 7 fährt zum Markt. Du musst am Bahnhof umsteigen.
5. Een kaartje naar het centrum, alstublieft.	Eine Fahrkarte zum Zentrum, bitte.	Bitte. Das macht € 1,45.

a Luister op de ► Site naar *Plauderecke B* en **lees** mee.

b Lees *Plauderecke B* nog een keer goed door.

c Werk in tweetallen. **Zet** de woorden in de vragen en antwoorden in de juiste volgorde. Jij
stelt de vragen en een klasgenoot **geeft** antwoord. **Wissel** van rol.

A

gehst – zur – wie – Schule – du?

du – den Zug – hast – verpasst?

der Bus – ab – fährt – in 5 Minuten?

du – musst – umsteigen – am Bahnhof?

diese Straßenbahn – zum Markt – fährt?

B

Ich - mit - fahre - dem Roller.

Nein, den Zug – Verspätung – hatte.

Nein, der Bus – in 17 Minuten – ab – fährt

Ja, ich – umsteigen – muss – in die Linie 44.

Ja, du musst – aussteigen – im Zentrum.

d Leer nu *Plauderecke B*.

37 Rätsel

The letters in the maze puzzle:
W B A H N H O F T E D N I H I C L E E E G S K G P M A I

a Hoe komt de piloot bij zijn vliegtuig? **Schrijf** de letters op die je tegenkomt als je de juiste route loopt.

gevonden letters: _____

b **Zet** de letters in de juiste volgorde. Welk woord komt eruit? Het betekent in het Nederlands 'snelheid'.

gevonden woord: G_____T

c Welke twee woorden in de puzzel hebben ook met verkeer en vervoer te maken? **Schrijf** ze op.

_____   _____

38 Schreibecke

a Lees de *Schreibecke* een keer goed door.

Je schrijft	Du schreibst
1. Kun je me ophalen?	Kannst du mich abholen?
2. Mijn scooter is kapot.	Mein Roller ist kaputt.
3. Of zal ik de bus nemen?	Oder soll ich den Bus nehmen?
4. Met de bus doe ik er lang over.	Mit dem Bus brauche ich lange.

b Lees en **beantwoord** het bericht.

Beantwoord het bericht als volgt. **Schrijf:**
– de afkorting voor: *Wollen wir uns mal treffen?* **Kijk** voor de afkortingen voorin het boek.
– Mijn fiets is kapot.
– Ik kan de bus om 18.15 uur nemen.
– Of kun je mij komen ophalen?
– Met de bus doe ik er lang over.
– de afkorting voor: *Ganz viel liebe Grüße*

c Leer nu de *Schreibecke*.

39 Landeskunde

Verkehr in Österreich

Viele Länder in Europa haben lange Tunnel oder große Flughäfen. Österreich natürlich auch!

Der Tauerntunnel

Der Tauerntunnel ist der bekannteste Straßentunnel von Österreich. Er ist 6.546 m lang. Jeden Tag fahren 17.000 Fahrzeuge durch diesen Tunnel.

Fiaker

Fiaker sind Kutschen *(koetsen)*. Sie fahren durch Wien, die Hauptstadt von Osterreich. Die Bewohner von Wien hatten Probleme mit den Pferdeäpfeln *(paardenvijgen)*. Die stinken natürlich! Seit 2004 tragen die Pferde Windeln *(luiers)*. Seit 2007 müssen die Pferde Hufeisen aus Kunststoff haben. Dann werden die Straßen nicht beschädigt.

Vienna International Airport

Österreich hat sechs Flughäfen. Der 'Vienna International Airport' ist der größte. In den letzten Jahren werden hier mehr als 20 Millionen Passagiere pro Jahr abgefertigt *(ingecheckt)*.

Der erste Skilift

In Österreich gibt es viele Berge. Und in den Bergen sind Leute gerne unterwegs. Vor mehr als 100 Jahren ging in Österreich der erste Skilift in Betrieb. Er sah nicht aus wie die Skilifte von heute.

a Lees de tekst *Verkehr in Österreich*. **Kruis** steeds aan of de zin *richtig* of *falsch* is.

r   f

○ ○ 1. In Oostenrijk zijn zes vliegvelden.
○ ○ 2. De *Tauerntunnel* is de op één na bekendste tunnel van Oostenrijk.
○ ○ 3. Sinds 2007 dragen de paarden hoefijzers van plastic.
○ ○ 4. De eerste skilift lijkt veel op de skiliften die ook nu nog worden gebruikt.

b Om te weten of de zinnen uit opdracht **a** *richtig* of *falsch* zijn, heb je vier zinnen uit de tekst goed moeten lezen. Welke zinnen zijn dat?
Kleur in de tekst de zinnen groen waarin een antwoord staat dat *richtig* is. **Kleur** in de tekst de zinnen rood waarin een antwoord staat dat *falsch* is.

40 Hören

⭐A2

a Waar willen de jongeren naartoe? **Luister** op de ► Site naar *Wie komme ich …?* **Schrijf** de bestemmingen op. **Kies** uit de woorden in het kader. Je houdt vier woorden over.

apotheek – bioscoop – camping – jeugdherberg – kasteel – ~~station~~ – markt – museum – sporthal

Voorbeeld: *station*

1. _____   3. _____

2. _____   4. _____

b Luister op de ► Site nog een keer naar *Wie komme ich …?* **Kruis** aan welke route elke jongere neemt. **Luister** eerst goed naar het voorbeeld om te zien, hoe je de tabel moet invullen.

	↑	🌉	⚠	↖↑	🚦	↖↑	↑↗	↻	↑↗
Beispiel	x				x				x
1.									
2.									
3.									
4.									

41 Grammatik: werkwoorden

Maak vraagzinnen. **Verander** de vorm van het vetgedrukte werkwoord. Weet je het niet meer? **Kijk** dan in het grammaticaoverzicht op ► Seite 139-140 .

1. Ich **wohne** in Berlin.   Wo *wohnst* du?

2. Wir **fahren** mit dem Bus.   Womit _____ ihr?

3. Ich **bin** zu Hause.   Wo _____ du?

4. Ich **reise** nach Italien.   Wohin _____ du?

5. Wir **machen** eine Pause.   Was _____ ihr?

6. Ich **heiße** Onur.   Wie _____ du?

7. Tanja **kommt** aus Hamburg.   Woher _____ Sie, Frau Müller?

8. Ich **habe** keine Zeit.   Warum _____ du keine Zeit?

42 Plauderecke A und B

☆A2

Zum Bahnhof

Zum Markt

Zum Schwimmbad

Zur Apotheke

Oefen het gesprek met een klasgenoot. **Gebruik** de informatie op de kaartjes om de weg te vragen en te wijzen. **Wissel** van rol.

A

> Entschuldigung, wie komme ich … …?

B

> Mal sehen, also, …

 **Lesen**

Hundetaxi Hamburg: Wir machen Vierbeiner mobil

Mit einem Auto – speziell für den Tiertransport – wird ihr Vierbeiner überall hingefahren: zum Tierarzt, zum Flughafen, zu einer Tierpension, zum Hundefriseur oder zu Freunden.
Alle Haustiere werden befördert *(vervoerd)*: auch ein großer, nasser Hund oder ein Tier, das nach einem Unfall verletzt ist.

Nach: hunde-taxi.de

Wat kun je doen als je jouw huisdier niet naar een dierenpension kunt brengen? **Lees** de tekst *Hundetaxi Hamburg: Wir machen Vierbeiner mobil* en **beantwoord** de vragen. **Kruis** A, B of C aan.

1. Neemt de hondentaxi ook andere dieren mee?
   - O A Dat staat niet in de tekst.
   - O B ja
   - O C nee

2. Waar brengt de hondentaxi dieren onder andere naar toe?
   - O A naar de dierenarts en het vliegveld
   - O B naar een pension voor dieren en een dierenhotel
   - O C naar vrienden en dierenwinkels

 **44 Verkehrsschild**

 a Bekijk de tekening. **Lees** de tekst. **Beantwoord** de vraag in het Nederlands.

Waarom moet je aan de andere kant van de straat

gaan lopen? _____

b Bedenk nu zelf een grappig verkeersbord. **Leef** je uit op een apart A4'tje! **Schrijf** de tekst in het Nederlands of Duits.

45 Hören ⭐A1

Reis je in Duitsland met de trein, dan is het handig als je berichten die op een station
worden omgeroepenn, begrijpt. **Luister** op de ▶ **Site** naar *Bahnhofsansagen* en **vul** de
ontbrekende getallen in.

1. Achtung, Achtung, der Zug um 15:＿＿＿＿＿ von Leipzig nach Cottbus fällt aus.
   Die nächste Reisemöglichkeit ist der Zug um 16:42. Dieser Zug fährt von Gleis 4.

2. Liebe Fahrgäste, zwischen Berlin-Wannsee und Berlin-Oranienburg finden Gleisbau-
   arbeiten statt. Es fahren deshalb keine Züge. Nehmen Sie bitte Buslinie ＿＿＿＿＿.

3. Achtung, Achtung, der ICE 735 von München nach Hannover hat eine Stunde
   Verspätung. Der Zug fährt deshalb voraussichtlich um ＿＿＿＿＿ Uhr von Gleis 3 ab.

4. Achtung, Achtung liebe Fahrgäste. Die Abfahrt des Zuges IC ＿＿＿＿＿ verzögert
   sich um etwa zehn Minuten. Wir warten noch auf den Lokführer.

46 Landeskunde

In dit hoofdstuk heb je veel geleerd over verkeer. In de volgende opdracht ga je daarmee aan de slag.
Kleur de eerste zin in de linkerkolom. **Geef** een woord uit de kolom *Antwort* dat bij die zin past
dezelfde kleur. **Gebruik** voor elke nieuwe zin (en het antwoord dat daarbij hoort) een andere kleur.

Satz	Antwort
Het is in Duitsland niet verplicht om die op de fiets te dragen.	Fiaker
Dit automerk heeft een meisjesnaam.	Schulbus
Met dit vervoermiddel gaan veel kinderen naar school.	Volkswagen
Dat is het beroemdste gebouw in Berlijn.	Mercedes
Dat zijn koetsen in de hoofdstad van Oostenrijk.	Helm
Dit is het bekendste Duitse automerk.	Brandenburger Tor

Op de ▶Site www.trabitour.noordhoff.nl vind je:

- een handig programma om woordjes en grammatica te oefenen
- filmpjes om je kijk- en luistervaardigheid te trainen
- leuke webquests
- *Wimmelbilder*: zoekplaten waarmee je ook Duits leert
- een oefentoets
- luistervaardigheid en de *Lieder* met een karaokeversie
- oefeningen met de *Plauderecke* en de *Schreibecke*

Op naar de toets!

Wat moet je kennen en kunnen voor de toets over *Kapitel* 10?

- ○ *Lernecke* (zie ▶ **Seite 42**)
- ○ *Plauderecke A* en *Plauderecke B* (zie ▶ **Seite 23 en 33**)
- ○ *Schreibecke* (zie ▶ **Seite 35**)

Er worden ook vragen gesteld over de *Landeskunde* van dit hoofdstuk. Leer opdracht **46**.

Sectoren

Je hebt nu alle opdrachten gedaan die bij het normale *Kapitel* 10 horen. Na de *Lernecke* vind je extra opdrachten voor de sectoren **Techniek** en **Zorg en Welzijn**. Maak de opdrachten die bij jouw sector horen.

Staat jouw sector er niet bij? Dan komt die in het volgende hoofdstuk aan de orde.

Misschien vind je het toch leuk op een paar opdrachten voor andree sectoren te maken?

Grammatik

① Haben

hebben		**haben**	
ik	heb	ich	habe
jij	hebt	du	hast
hij/zij/het	heeft	er/sie/es	hat
wij	hebben	wir	haben
jullie	hebben	ihr	habt
zij	hebben	sie	haben
u	heeft	Sie	haben
volt. deelwoord		gehabt	

② Sein

zijn		**sein**	
ik	ben	ich	bin
jij	bent	du	bist
hij/zij/het	is	er/sie/es	ist
wij	zijn	wir	sind
jullie	zijn	ihr	seid
zij	zijn	sie	sind
u	bent	Sie	sind
volt. deelwoord		gewesen	

③ Zwakke werkwoorden

doen		**machen**	
ik	doe	ich	mach-e
jij	doet	du	mach-st
hij/zij/het	doet	er/sie/es	mach-t
wij	doen	wir	mach-en
jullie	doen	ihr	mach-t
zij	doen	sie	mach-en
u	doet	Sie	mach-en
volt. deelwoord		gemacht	

④ Werkwoorden met stam eindigend op -s, -z of -ß

dansen		**tanzen**	
ik	dans	ich	tanz-e
jij	danst	du	tanz-t
hij/zij/het	danst	er/sie/es	tanz-t
wij	dansen	wir	tanz-en
jullie	dansen	ihr	tanz-t
zij	dansen	sie	tanz-en
u	danst	Sie	tanz-en
volt. deelwoord		ge-tanz-t	

Wörterlisten

 A

de voetganger	der Fußgänger
de bus	der Bus
de trein	der Zug
de vertraging	die Verspätung
het kaartje	die Fahrkarte
de spoorwegen	die Bahn
de metro	die U-Bahn
de tram	die Straßenbahn
de fiets	das Fahrrad
de brommer	das Moped
de motor	das Motorrad
de auto	das Auto
de personenauto	der PKW (Perso-nenkraftwagen)
de vrachtauto	der LKW (Lastkraftwagen)
de chauffeur	der Fahrer
het ongeluk	der Unfall
de schade	der Schaden
de parkeerplaats	der Parkplatz
het schip	das Schiff
het vliegtuig	das Flugzeug

 B

de snelweg	die Autobahn
de file	der Stau
de kruising	die Kreuzung
het verkeerslicht	die Ampel
de straat	die Straße
de brug	die Brücke
de olie	das Öl
het station	der Bahnhof
het vliegveld	der Flughafen
de bushalte	die Bushaltestelle
het rijbewijs	der Führerschein
aankomen	ankommen
remmen	bremsen
zich bevinden	sich befinden
zoeken	suchen
Kijk uit!	Vorsicht!
terug	zurück

1 Mein technisches Wörterbuch

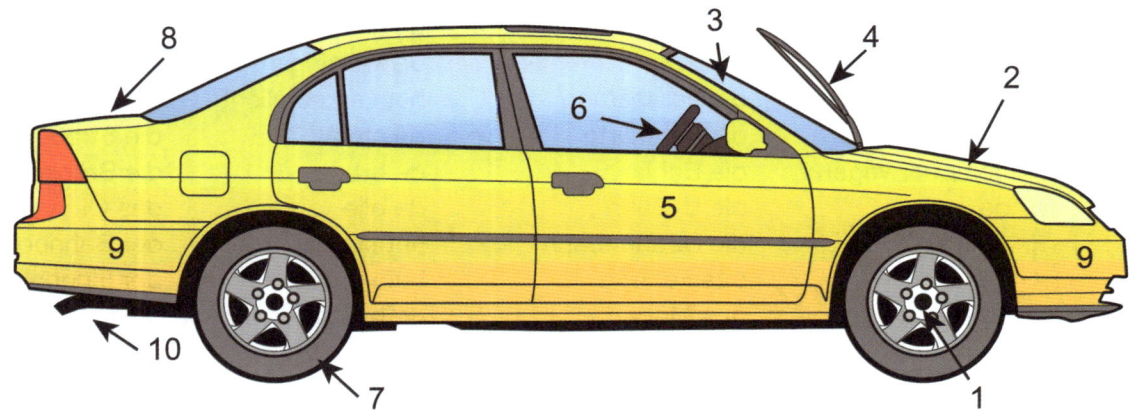

Schrijf het juiste nummer in de tabel.

Nummer	Nederlands	Duits
	de achterband	der Hinterreifen
	de bumper	die Stoßstange
	de motorkap	die Motorhaube
	de kofferbak	der Kofferraum
	het portier	die Autotür
	de ruitenwisser	der Scheibenwischer
	het stuur	das Lenkrad
	de uitlaat	der Auspuff
	de voorruit	die Windschutzscheibe
	het voorwiel	das Vorderrad

2 Sprechen

Oefen het volgende gesprek drie keer met een klasgenoot. **Vervang** de vetgedrukte woorden door andere woorden uit de woordenlijst. **Vervang** de cursiefgedrukte prijzen door andere prijzen uit de tabel.

A

Der Auspuff ist kaputt.

Und wie viel kostet das?

B

Kein Problem. Wir reparieren das für Sie.

Moment, ich schau' mal nach! *€ 130.-*.

achterband	€ 80.-
bumper	€ 320,-
ruitenwisser	€ 40,-
portier	€ 190,-
uitlaat	€ 130,-
voorruit	€ 250,-

3 ## Rätsel

Uit welke landen komen de auto's? **Schrijf** onder elke vlag een automerk uit het kader.

Citroën – Dacia – Jaguar – Porsche – Volvo

1. _____ 2. _____ 3. _____ 4. _____ 5. _____

 **4** ## Lesen

Gesucht
Busfahrer (m/w) für Linien- und
Schulverkehr in Hamburg

Arbeitgeber
Headwaypersonal GmbH

Unternehmensbeschreibung
Headway ist ein führendes Unternehmen. Hier arbeiten mehr als 4.200 Mitarbeiter. Headway hat mehr als 70 Standorte in Deutschland, Österreich und Tschechien. Wir haben bei Arbeitnehmern einen sehr guten Ruf. Wir entwickelten uns in zehn Jahren zu einem wichtigen und sicheren Arbeitgeber.

Qualifikation
– Fahrpraxis im Busverkehr ist von Vorteil
– Führerscheinklasse D
– Pünktlichkeit
– Zuverlässigkeit
– Freundlichkeit

Arbeitsverhältnis
Es geht hier um eine Festanstellung.

Kontakt E-Mail
info@headwayholding.com

 Lees de advertentie *Gesucht* en **beantwoord** de vragen in het Nederlands. **Gebruik** een woordenboek.

1. In welke twee bussen moet de buschauffeur gaan rijden? _____

2. In welke drie landen is Headway te vinden? _____

3. Welk voordeel wordt onder *Qualifikation* genoemd? _____

4. Welke drie eigenschappen moet de nieuwe chauffeur hebben? **Vertaal** de laatste drie woorden die onder *Qualifikation* worden genoemd. _____
_____

5. Om wat voor soort baan gaat het? **Kijk** onder *Arbeitsverhältnis*. _____

1 Mein Pflegewörterbuch

Schrijf het juiste nummer in de tabel.

Nummer	Nederlands	Duits
	de bezem	der Besen
	het blik	das Kehrblech
	de schoon-maakemmer	der Putzeimer
	het schoon-maakmidddel	das Reini-gungsmittel
	de spons	der Schwamm
	de stofdoek	das Staubtuch
	de stoffer	der Handfeger
	de stofzuiger	der Staub-sauger
	de vuilniszak	der Müllsack
	de zeem	das Fenster-leder

2 Lesen

Ist Putzen ein Hobby?

Was sagen Tanja, Bernd, Michi und Annika über das Putzen?

Tanja

Bei mir wird geputzt, was mich gerade am meisten stört. Fast jeden Tag ist es etwas. Staubsaugen muss ich täglich. Zwei Katzen und ein Hund machen viel Dreck.
Das Bad mache ich zweimal in der Woche sauber, die Küche nach dem Kochen. Meiner Meinung nach muss eine Küche nach Gebrauch so aussehen wie vorher, also sauber.
Aufräumen gehört auch täglich dazu. Der Rest so wie es kommt.

Bernd

Also bei meiner kleinen Wohnung – 50 m² – klappt es ganz gut, wenn ich einmal in der Woche sauber mache. Die Küche muss bei mir immer sauber sein, aber die mache ich meist nach dem Essen sauber.

Hakim

Ich will in der Wohnung leben, nicht nur putzen. Normalerweise mache ich einmal die Woche die Wohnung sauber, meist samstags. Täglich natürlich die Küche und normales Aufräumen. Aber sonst? Nichts. Habe auch kein dreckiges Bad, obwohl ich es nur einmal in der Woche gründlich putze... Fensterputzen passiert recht selten.

Annika

Bei mir läuft das folgendermaßen ab: Zweimal pro Woche wird gefegt (ich habe nur glatte Böden), einmal pro Woche wird feucht geputzt.
Dusche, Waschbecken, Toilette mache ich jeden Morgen sauber.

Nach: www.chefkoch.de

Lees de tekst *Ist Putzen ein Hobby?* en **noteer** achter elke zin over wie het gaat: over Tanja, Bernd, Hakim of Annika. Soms kun je meer namen opschrijven.

1. Een keer per week schoonmaken is okay, maar de keuken maak ik vaker schoon. _____
   _____

2. Ramen lappen? Dat doe ik zelden! _____

3. Ik moet vanwege de huisdieren elke dag stofzuigen. _____

4. De wasbak maak ik elke ochtend schoon. _____

5. Ik maak het bad één keer per week schoon. _____

6. Een keuken moet er elke dag schoon uitzien. _____

7. Afwassen doe ik elke avond na het eten. _____

3 ## Sprechen

Oefen het volgende gesprek drie keer met een klasgenoot. **Vervang** de vetgedrukte woorden door andere woorden uit de tabel.

A	B
Fensterputzen, wie findest du das?	Das finde ich **blöd**.
Und wie oft machst du das?	**Viermal pro Jahr**.

Aktivität	Wie oft?	Meinung
Die Toilette reinigen	Jeden Tag.	*positiv* =
Den Boden fegen	Alle zwei Tage.	
Staubsaugen	Alle drei Tage.	gut, super, klasse, toll
Die Küche reinigen	Jede Woche.	*negativ* =
Dein Zimmer aufräumen	Jeden Monat.	
Spülen	Alle zwei Monate	blöd, doof

11 Ausgehen mit Freunden

Je gaat vast ook weleens uit met vrienden of vriendinnen. De vraag is dan: *Wohin*? Naar net zo'n grote bioscoop als die in de *Millennium City* in Wenen? Of ga jij liever naar een concert? De *Waldbühne* in Berlijn is een heel groot openluchttheater, waar wereldberoemde artiesten optreden. En als je een keer helemaal wat anders wilt, ga dan naar de *Cranger Kirmes* in Herne. Dat is een groot volksfeest dat tien dagen duurt.

Dit hoofdstuk gaat over uitgaan en vrienden. *Kommst du mit? Trabi lädt dich ein!*

1 Landeskunde

A

B

C

D

a Lees de inleiding en **bekijk** foto A. Die foto is genomen op de kermis in Herne. Lisa is met een vriendin op deze kermis. Ze heeft het leuk tot ze bij de schietkraam aankomt. **Lees** het bericht. Het eerste bericht is van Lisa.

Reageer met een goede smoes op de laatste zin van Lisa. Dat mag in het Duits of Nederlands.

_____

b Schrijf in de Duitse vertalingen van de Nederlandse woorden de ontbrekende letters. **Gebruik** de letters die je hieronder ziet. Op elk lijntje hoort één letter.

1. achtbaan   ___cht___rbahn

2. botsauto's   Autos___o___ter

3. draaimolen   ___arus___ell

4. suikerspin   ___ucke___wa___te

5. schietkraam Sc___ie___bu___e

6. reuzenrad   R___e___enrad

7. spookhuis   ___eis___er___ahn

8. zuurstok   Z___ckersta___ ___e

c Bekijk foto B en **lees** het bericht.

Hoe gaat het gesprek verder? **Kies** daarvoor steeds één van de twee antwoorden. **Let** op: het <u>laatste</u> bericht van beide personen bepaalt de juiste antwoorden. Je kunt dus ook bij het einde beginnen en dan teruglezen naar het begin.

○ A   Gibt's dort einen Douglas?
○ B   Wo ist der Hackesche Markt?

○ A   Berlin-Mitte. Straßenbahn M1, M4, M5, M6.
○ B   Douglas nicht. Nur kleine Läden.

○ A   Ist da abends auch was los?
○ B   Parfümerie? Mutti hat morgen Geburtstag. 😄 14:00 Uhr?

○ A   Berliner Nachtleben geht hier ab! 😊
○ B   Parfümerie gibt es. 14:00 Uhr. Bis später.

d Lees het hele gesprek nog een keer. Wat valt er te beleven op de *Hackescher Markt*? **Noem** vier dingen in het Nederlands.

_____

e Bekijk foto C en **lees** het bericht.

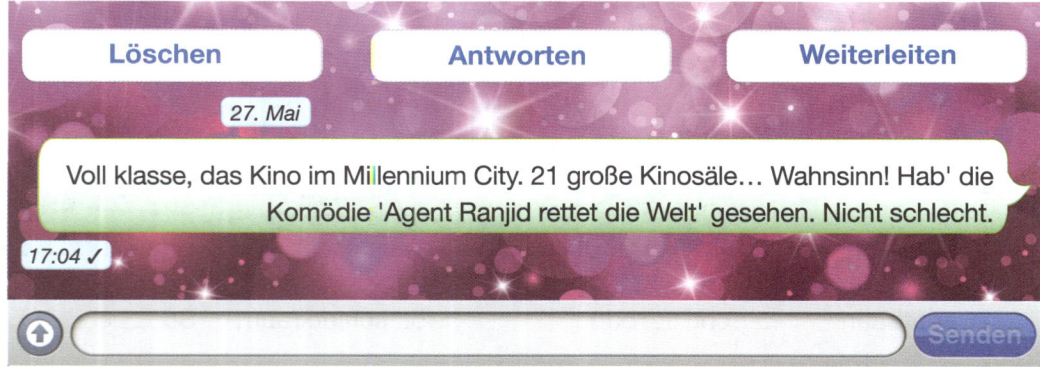

Beantwoord de vraag in het Nederlands. Wat voor soort film is 'Agent Ranjid rettet die Welt'? _____

f Bekijk foto D en **lees** het bericht.

Löschen   Antworten   Weiterleiten

27. Mai

Thomas… heute Abend 18:30 Uhr Waldbühne. Das Konzert fängt um 20:00 an. Wir haben Sitzplätze in Block G. Die Platzwahl ist frei. Bis nachher.

17:04 ✓

Senden

Je gaat vanavond naar het concert. Welke informatie heb je in het bericht gekregen? **Schrijf** op of **streep** het foute antwoord door.

Tijdstip afspraak: _____   Staanplaatsen / Zitplaatsen

Waar?   _____   Vrije plaatsen / Geen vrije plaatsen

Aanvang concert: _____

2 Sprechen

Werk in tweetallen. **Maak** om de beurt een vraag bij de antwoorden.
1. Ich fahre mit dem Roller zur Schule.
2. In fünf Minuten fährt der Bus ab.
3. Die Straßenbahn Linie 7 fährt zum Markt.
4. Zum Bahnhof? Die erste Straße links und dann geradeaus.
5. An der Ampel rechts. Da ist die Sporthalle.
6. Die Bushaltestelle ist am Ende von der Straße.

3 Wörter

Bekijk de tekeningen. Welk vervoermiddel hoort bij de personen? **Schrijf** de vervoermiddelen in het Duits op.

_____   _____   _____

_____   _____   _____

④ Hören

⊛ A2

Ins Kino

Alexander ist verliebt in eine Freundin seiner Schwester Lena! Er möchte aber nicht mit beiden Mädchen ins Kino gehen.

Alexander:	Das geht doch n cht. Ich kann doch nicht mit meiner Schwester und meiner Traumfrau ins Kino gehen. Das geht nicht!
Lena:	Dann geht deine Schwester mit deiner Traumfrau allein.
Alexander:	Moment! Wie wär's? Kannst du nicht einfach krank sein? Dann könnte ich…
Lena:	Bist du verrückt? Ich will ins Kino gehen, meine Freundin will mit mir gehen und jetzt muss ich zu Hause bleiben, weil mein Bruder sich in meine Freundin verknallt hat. Das kannst du vergessen. Tschüs!
Alexander:	Moment! Bitte. Ich kann doch nicht einfach mitkommen. Das wird sie doch nicht verstehen. Ihr wollt euch bestimmt so einen romantischen Ich-muss-weinen-Film ansehen.
Lena:	Genau. Also. Ich gehe.
Alexander:	Viel Spaß. Erzählst du mir…
Lena:	…wie der Film war? Na, klar. Ich wecke dich, wenn du schläfst und ich erzähl' dir alles.
Alexander:	Nicht der Film. Wie sie ausgesehen hat und ob sie nach mir gefragt hat.
Lena:	Du Armer! Das kann ich dir jetzt schon sagen. Sie fragt ständig nach dir. Hier sind die zwei Kinokarten. Hau ab, Blödmann!
Alexander:	Im Ernst?!!! Du bist eine tolle Schwester!

a Wie gaat met wie naar de bioscoop? **Luister** op de ►Site naar *Ins Kino* en **lees** mee. **Beantwoord** de vragen. **Kies** A of B.

1. Wat wil Alexander niet?
   - ○ A Hij wil niet met zijn zus en haar vriendin naar de bioscoop.
   - ○ B Hij heeft geen zin om eerst naar de bioscoop en daarna naar de stad te gaan.

2. Wat vraagt Alexander aan zijn zus?
   - ○ A Heb je al kaartjes gekocht?
   - ○ B Kun je niet ziek worden?

3. Waarom hoeft Lena niet aan Alexander te vertellen, hoe haar vriendin eruitzag?
   - ○ A Dat kan hij zelf zien!
   - ○ B Lena's vriendin komt plotseling op bezoek.

b Hoe wordt het gezegd? **Maak** het volgende gesprek compleet. **Vertaal** de zinnen.

1. Wohin gehst du?   *Naar de bioscoop.* _____

2. Ich komme mit.   *Dat kan niet.* _____

                          Dat kun je vergeten. _____

3. Gehst du mit Jan?   *Precies!* _____

4. Viel Spaß!   *Dag!* _____

5 Grammatik: werkwoorden

Vul de juiste vorm van het werkwoord in. Weet je het niet meer? **Kijk** dan in het grammaticaoverzicht op ►Seite 139-140.

spielen	1. **Ich** *spiele* gern Fußball.
sitzen	2. Klaus, _____ **du** im Stadion?
stehen	3. **Wir** _____ vor der Allianz Arena in München.
telefonieren	4. **Er** _____ mit seiner Tante.
kommen	5. Kinder, _____ **ihr** morgen auch?
heißen	6. Hallo, wie _____ **du**?
kaufen	7. Herr Sarikaya, _____ **Sie** Blumen?
legen	8. **Ich** _____ das Geld auf den Tisch.
reisen	9. Wohin _____ **du**? Nach Italien?
gehen	10. Hallo, wie _____ **es**?

6 Wörterliste A

a De volgende woorden gaan over uitgaan. **Lees** de woorden een keer goed door.

	DIE-woorden
de disco	die Disko
het entreekaartje	die Eintrittskarte
de voorstelling	die Vorstellung
	DAS-woorden
de bioscoop	das Kino
het popconcert	das Popkonzert
het theater	das Theater
	OVERIGE WOORDEN
afhalen	abholen
dansen	tanzen
iets aantrekken	etwas anziehen
naar de bioscoop	ins Kino
naar de disco	in die Disko
naar een popconcert	auf ein Popkonzert
naar het theater	ins Theater
naar huis gaan	nach Hause gehen
plezier hebben	Spaß haben
uitgaan	ausgehen
uitverkocht	ausverkauft
zich omkleden	sich umziehen

Mit Liebe ins Theater! Toll!

b Schrijf in elke zin een woord uit de woordenlijst.

1. Ich muss meine Schuhe noch _____.

2. Nach dem Konzert wird *(zal)* mein Vater uns _____.

3. In einer Disko kann man _____.

4. Ich liebe Popmusik. Ich gehe gern auf ein _____.

5. Es tut uns leid, die Vorstellung ist _____.

6. Um 22:30 Uhr muss ich _____.

7. Am Freitag darf *(mag)* ich nicht _____. Ich muss zu Hause bleiben.

8. Im _____ läuft *(draait)* ein guter Film.

c Leer nu de woorden Nederlands-Duits en Duits-Nederlands. Je kunt de woorden ook oefenen op de ⟩**Site** .

7 Lesen

⭐A1

Zu alt für die Disko?

Ein Mädchen aus München hat probiert mit einem gefälschten Ausweis in eine Disko zu kommen. Sie ließ dem Türsteher das Dokument sehen. Der Mann merkte, dass etwas nicht in Ordnung war. Das Geburtsdatum war nämlich 1935!
'Das Mädchen' war also eine 'Oma'!
Die Polizei klärte den Fall. Ein Freund hatte das Geburtsdatum auf 1935 geändert. Das Mädchen wurde von ihrem Vater auf der Polizeiwache abgeholt.

Nach: www.spiegel.de

a Lees de tekst *Zu alt für die Disko*. **Kruis** de zinnen aan die kloppen met het verhaal. De zinnen staan niet op volgorde.

- ○ 1. Een vader heeft zijn dochter van het politiebureau opgehaald.
- ○ 2. Het meisje had geprobeerd om met een valse legitimatie in een discotheek te komen.
- ○ 3. Een andere bezoeker zag dat de geboortedatum niet klopte.
- ○ 4. De vriend van het meisje is door de politie meegenomen.

b Zet de stukjes van de tekening in de juiste volgorde. Welk woord kun je van links naar rechts lezen?

8 Sehen und Hören

⭐A2

Vandaag is Marcel in de wijk Berlin-Mitte. Hij heeft een afspraak met Ilse. **Bekijk** op de ►Site het filmpje *Hackesche Höfe*. **Onderstreep** in elke zin steeds het juiste antwoord.

1. Marcel gaat vandaag met Ilse naar een **winkelcentrum / bioscoop**.
2. In de *Hackesche Höfe* zijn winkels en **cafés / woningen en restaurants**.
3. De *Hackesche Höfe* zijn 's avonds dicht: dan kunnen de bewoners er **zitten / rustig slapen**.
4. *Wir zeigen Ihnen das Original* betekent: wij laten u films **met / zonder** Duitse ondertitels zien.
5. Ilse gaat naar haar oma: daar kan ze gebakken **aardappels / patat** eten.
6. Aan het einde zegt Marcel: 'Nieuwe rondes, **nieuwe kansen / nieuw geluk**'.

9 Lied
Die da

Hallo Thomas, hallo, alles klar?
Klar. Es ist schon wieder Freitag, es ist
wieder diese Bar
Und ich muss dir jetzt erzählen, was mir
widerfahren ist
Jetzt seh ich die Zukunft positiv, denn ich
bin Optimist
Äh, Moment, was geht? Ich sags dir ganz
konkret
Aha. Am Wochenende hab ich mir den
Kopf verdreht
Ich traf eine junge Frau, die hat mir ganz
gut gefallen
Und am Samstag in der Diskothek ließ ich
die Korken knallen
Sie stand dann so dabei und wir ham uns
unterhalten
Und ich hab sie eingeladen, denn sie hat
sich so verhalten
Wir haben viel Spaß gehabt, viel gelacht
und was ausgemacht
Haben uns noch mal getroffen und den
Nachmittag zusammen verbracht
Wir gingen mal ins Kino, hatten noch ein
Rendezvous
Und hast du sie ausgeführt? Hey, gehört
ja wohl dazu
Sie ist so elegant, sie hat auch allerhand
solltest sie wirklich mal treffen,
denn ich find sie sehr charmant

Refrain:
Hey, ist es die da, die da am Eingang
steht?
Oder die da, die dir den Kopf verdreht?
Ist es die da, die mit'm dicken Pulli an
Mann, nein es ist die Frau, die freitags
nicht kann

Es ist die da, die da, die da, die da, die
Es ist die da, die da, die da, oder die da
Es ist die da, die da, die da, die da, die
Ist es die da? Nein, freitags ist sie nie da

Herzlichen Glückwunsch Smudo, toi toi
toi
Du kannst dir sicher sein, dass ich mich
für dich freu
Ich selber bin auch froh, und falls es dich
interessiert
Mir ist am Wochenende was ganz ähnli-
ches passiert
Es war Sonntag, und ich trinke Tee in
'nem Café
Als ich dieses schöne Wesen an dem Tre-
sen stehen seh
Gesell ich mich dazu, hab'n Tee für sie
bestellt
Na ja, ich gebe zu, ich hab getan, als hätt
ich Geld
Doch alles lief wie geschmiert, was ma-
che ich mir Sorgen
Denn wir reden und verabreden uns für
übermorgen
Ich wollt mit ihr ins Kino gehen, stattdes-
sen waren wir essen
Denn sie hatte den Film schon gesehen,
ich hielt's für angemessen
Sie ins Restaurant zu führen, Separé mit
Kerzenlicht
Und hat sie die Rechnungen bezahlt?
Natürlich nicht
Doch sie sagte zu mir noch, dass wir jetzt
miteinander gehen
Und seitdem wart ich darauf, sie wieder-
zusehen

Die Fantastischen Vier, Die da

a Luister op de ►Site naar het lied *Die da*. **Lees** de tekst mee.

b Lees de tekst nog een keer. Waar hebben Smudo en Thomas hun vriendinnen mee naartoe genomen? **Omcirkel** de letters van de juiste tekeningen.

c Luister nog een keer naar het lied en **zing** mee! Op de ►Site staat ook een karaokeversie!

10 Grammatik: het bezittelijk voornaamwoord (1)

Jetzt im Kino!

Dein gutes Recht	Mein Prinz, mein König
Euer Herz dem Tier	***Sein bester Freund***
	Unser kurzes Leben

a Ken je de bezittelijke voornaamwoorden nog? **Schrijf** achter het Nederlandse woord de Duitse vertaling. **Kies** woorden uit de titels van de Duitse films uit het kader.

mijn _____   ons _____

jouw _____   jullie _____

zijn _____   hun   ihr

haar ihr   uw   ihr

b Vertaal de woorden die voor de zin staan en **vul** ze in.

mijn   1. Das ist _____ Onkel.

onze   2. _____ Lehrer ist nett.

jouw   3. Ist das _____ Fahrrad?

uw   4. _____ Haus ist super!

zijn   5. Das ist _____ Haustier.

hun   6. Ja, _____ Vater ist krank.

11 Aussprache

a In de volgende opdrachten ga je een paar belangrijke klanken herhalen. **Luister** op de ▶Site naar de woorden en **omcirkel** in de laatste kolom hoe je de letter(s) uitspreekt.

Zo schrijf je de letter	Voorbeelden	Zo spreek je de letter uit
1. i *of* ie 2. ei 3. eu 4. äu	**Lie**besfilm **Ei**ntrittskarte n**eu**gierig Geb**äu**de	i – ie ai – ei oi – eu au – oi

b Luister op de ▶Site naar de uitspraak van de woorden en **onderstreep** het woord dat je hoort.

1.   heute   haute
2.   Räum   Raum
3.   traume   Träume
4.   baute   Beute
5.   laute   Leute
6.   keuchen   Küche

12 Hören

Falco

De Oostenrijkse zanger Falco had een grote hit met het lied *Rock me Amadeus*. Dit lied gaat over de Oostenrijkse componist Mozart.
Het lied is geschreven door twee Nederlanders. De musical *Rock me Amadeus – Die große Falco Show* gaat over het leven van Falco.

Oprah heeft kaartjes voor de voorstelling *Rock me Amadeus – Die große Falco Show*.
Daarover heeft ze een bericht op haar voicemail gekregen. **Luister** op de ►Site naar *Die große Falco Show*. **Kruis** de belangrijkste mededeling aan.

○ A De voorstelling van *Rock me Amadeus* is wegens ziekte verplaatst naar 18 februari.
○ B Er zijn valse kaarten voor de voorstelling *Rock me Amadeus* verkocht.
○ C De voorstelling van zaterdag 14 januari gaat niet door.

13 Lesen

Freizeit in München

Am Wochenende und in der Woche kann man mit Freunden ganz viel unternehmen. Was würde dir gefallen?

Musik
Jeden Dienstag von 16:00 bis 20:00 Uhr kannst du bei uns Musik machen. Du brauchst dich nicht anzumelden und du musst auch nichts bezahlen. Möchtest du Schlagzeug oder Gitarre spielen? Kein Problem. Komm vorbei!!! *Jugendfreizeitstätte Treibhaus*

Theatergruppe
Möchtest du einen strengen Lehrer spielen oder eine berühmte Person? Alles ist möglich! Neugier und Spaß sind das Wichtigste! Jeden Samstag von 13:00 bis 15:00 Uhr. *Treff 21*

Breakdance Workshop
Hast du Lust auf Breakdance, aber du weißt nicht, wie das geht? Bist du zwischen 12 und 19 Jahre alt und Anfänger? Dann komm zu unserem Breakdance-Workshop! Jeden Mittwoch von 17:00 bis 18:00 Uhr. Teilnahmegebühr: € 1.-. *Jugendtreff am Biederstein*

Kochen
Jeden letzten Donnerstag im Monat kochen wir von 17:00 bis 19:00 Uhr gemeinsam ein leckeres Abendessen. In der Woche davor überlegen wir zusammen, was wir essen wollen. Anmeldung bis Mittwoch davor. Alter: ab 12 Jahre. Kosten: € 2,-. *Jugendzentrum Kirchheim*

Nach: www.muenchen.de/themen/jugend

a Lees de tekst *Freizeit in München* en **beantwoord** de vragen. **Kies** A, B of C.

1. Welke rollen zou je in de theatergroep kunnen spelen?
   - ○ A een beroemde persoon en een strenge leraar
   - ○ B een beroemde zanger en een strenge agent
   - ○ C een strenge leraar en een bekende koningin

2. Wanneer kun je koken in het jongerencentrum *Kirchheim*?
   - ○ A de eerste donderdag van de maand
   - ○ B de laatste donderdag van de maand
   - ○ C elke week op donderdag

3. Waarvoor moet je je aanmelden en waarvoor niet?
   - ○ A **wel**: breakdance, **niet**: theater
   - ○ B **wel**: koken, **niet**: muziek
   - ○ C **wel**: theater, **niet**: breakdance

4. Van welke activiteit weet je niet wat het kost?
   - ○ A breakdance
   - ○ B muziek
   - ○ C theater

b Wat lijkt jou het leukst om te doen? En met wie zou je daar het liefst naartoe gaan?

---

14 Rätsel

a Naar wat voor soort film wordt er op de tekening gekeken? Naar een lachfilm, een liefdesfilm of...? **Zoek** de Duitse woorden die je van links naar rechts ziet. Deze woorden horen bij een soort film. **Schrijf** die soort film in het Nederlands op.
Let op: er staan vijf letters te veel op de tekening.

Soort film: _____

b Welk woord kun je met de vijf overgebleven letters maken? _____

15 Plauderecke A

Je vraagt / zegt	Du fragst / sagst	Du kannst antworten
1. Heb je een vriend?	Hast du einen Freund?	Ja, ich habe einen Freund. Er ist lieb und sieht gut aus.
2. Hoe lang ken je hem al?	Wie lange kennst du ihn schon?	Seit sechs Monaten. Seit einigen Wochen.
3. Waarom vind je hem leuk?	Warum findest du ihn nett?	Er ist immer für mich da. Er ist fröhlich und lieb.
4. Heb je een vriendin?	Hast du eine Freundin?	Ja, sie heißt Farida. Sie ist schön und witzig.
5. Hoe lang ken je haar al?	Wie lange kennst du sie schon?	Seit einem halben Jahr. Seit einer Woche.
6. Heb je veel vrienden?	Hast du viele Freunde?	Ja, ich habe viele Freunde. Ich habe drei echt gute Freundinnen.

a Luister op de [▶Site] naar *Plauderecke A* en **lees** mee.

b Lees *Plauderecke A* nog een keer goed door.

c Werk in tweetallen. **Stel** om de beurt een vraag bij de antwoorden.
  Wissel na zin 5 van rol.
  1. Ja, er heißt Paul und ist total lieb.
  2. Er ist immer für mich da.
  3. Ich habe zwei gute Freunde.
  4. Ich kenne sie seit drei Monaten.
  5. Ja, sie heißt Deborah. Sie ist schön und witzig.

d Leer nu *Plauderecke A*.

16 Grammatik: het bezittelijk voornaamwoord (2)

a Lees de tabel.

	een	geen	mijn	jouw	zijn	haar	ons, onze	jullie	hun	uw
der, das	ein	kein	mein	dein	sein	ihr	unser	euer	ihr	Ihr
die, meervoud	eine	keine	meine	deine	seine	ihre	unsere	euere	ihre	Ihre

b Maak de volgende zin af.

Bij *die*-woorden en in het meervoud komt er achter de bezittelijke

voornaamwoorden een _____.

c Streep in elke zin het foute woord door. Voor de zin staat of het om een *der*-woord, een *das*-woord, een *die*-woord of meervoud gaat. Weet je het niet meer? **Kijk** dan in het grammaticaoverzicht op ▶ **Seite 141-142** .

die	1. Das ist **ihr / ihre** Oma.
das	2. Ist das **dein / deine** Handy?
meervoud	3. Die Kinder haben **ihr / ihre** Bücher vergessen.
das	4. Nein, **mein / meine** Etui ist im Rucksack.
der	5. Er ist **unser / unsere** Freund.
das	6. Frau Moser, ist das **Ihr / Ihre** Auto?
meervoud	7. Akin und Said, sind das **euer / euere** Taschen?
die	8. Mekik hat **sein / seine** Mutter angerufen *(opgebeld)*.

17 Witz

a Bekijk de mop. **Beantwoord** de vraag in het Nederlands.

De linkermuis zegt tegen de andere muis: 'Je had beloofd dat je deze zomer met me zou

trouwen.' Wat antwoordt de andere muis? _____

b Stel je voor: Het wordt een strenge winter. De linkermuis heeft beloofd de andere muis in de winter ten huwelijk te vragen. Dat doet hij ook. Wat antwoordt de andere muis? **Verzin** een grappig antwoord in het Nederlands en **schrijf** dit in de tekstballon.

Liebling, ich liebe dich. Willst du mich heiraten?

18 Hören

A2

a Manus rijdt met de auto van de stad naar huis. Hij komt langs een bos en ziet en hoort iets vreemds. **Luister** op de ►Site naar *Weiterfahren. Zur Polizei!*

Bekijk de tekeningen. Op elke tekening klopt <u>één</u> ding niet met het gesprek. **Zoek** de verschillen. **Schrijf** ze in het Nederlands op.

b Stel je voor, jij bent Manus en jij maakt dit mee. Wat zou jij doen? **Schrijf** je antwoord in het Nederlands op. **Vergelijk** jouw antwoord met dat van een klasgenoot.

_____

_____

19 Wörterliste B

a De volgende woorden gaan over uiterlijk en eigenschappen. **Lees** de woorden een keer goed door.

	DER-woorden
het karakter de vriend, de vrienden	der Charakter der Freund, **die** Freunde
	DIE-woorden
de vriendin, de vriendinnen	die Freundin, **die** Freundinnen
	DAS-woorden
het gezicht	das Gesicht
	OVERIGE WOORDEN
aardig	nett
behulpzaam	hilfsbereit
blij	froh
lang	groß
leuk	hübsch
lief	lieb
mooi	schön
nieuwsgierig	neugierig
trots	stolz
vriendelijk	freundlich
vrolijk	fröhlich
zorgvuldig	sorgfältig

Ich finde Trabi nett, froh und einfach lieb!

b Schrijf de vertaling van de woorden in het kader in de puzzel.

blij – karakter – lief – nieuwsgierig – trots – vriendelijk – vrienden – zorgvuldig

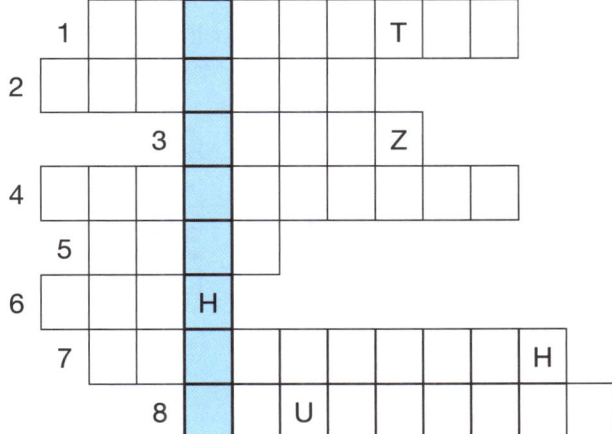

Welk woord staat in de blauwe kolom en wat is de vertaling? _____

c Leer nu de woorden Nederlands-Duits en Duits-Nederlands. Je kunt de woorden ook oefenen op de ► Site .

20 Lesen

⭐A2

Mädchen und Jungs erzählen über Freundschaft

 **Tanja, 15:** Meine Freunde finden es in Ordnung, wenn ich schlechte Laune *(humeur)* habe. Meine beste Freundin und ich tragen Klamotten voneinander. Und wir sagen es, wenn dem anderen was nicht gut steht.

 **Chris, 15:** Ich habe oft Spaß mit meinen Freunden. Wir treffen uns einmal in der Woche und auch am Wochenende. Wir übernachten beieinander, feiern unsere Geburtstage gemeinsam, und gehen oft zusammen Pizza essen. Wir spielen auch mit der Play-Station.

 **Kasandra, 16:** Wenn es mir nicht so gut geht, dann merkt meine Freundin das. Ich habe noch nie in meinem Leben so viel gelacht. Meine Freundin hat sehr viel Humor.

 **Muhammed, 14:** Wenn ich schlechte Laune habe, muss ich nur meine Freunde treffen. Sie sind meistens hilfsbereit, fröhlich und nett. Wenn ich sie treffe, geht es mir wieder besser.

Nach: Yuno

a Lees de titel die boven de tekst staat. Wat betekent die?

_____

b Stel je voor: je beste vriend(in) zoekt een Duitse vriend(in) die bij hem / haar past. **Kruis** achter elke zin aan, bij welk meisje of welke jongen hij / zij het beste past.

	 Tanja	 Chris	 Kasandra	 Muhammed
1. Ik heb vaak lol met m'n vrienden.	○	○	○	○
2. Als het niet zo goed met mij gaat, moet de ander dat merken.	○	○	○	○
3. Ik wil kleding uitlenen.	○	○	○	○
4. Ik vind het ook leuk als je niks tegen elkaar zegt.	○	○	○	○
5. Als ik in een slechte bui ben moet ik vrienden ontmoeten.	○	○	○	○
6. Ik vind lachen belangrijk.	○	○	○	○

21 Rätsel

Kun jij de rebus oplossen? **Gebruik** de tekeningen en **maak** een Duitse zin.

- bi	m = t und – n		- ee	-k und -d	theat = d	
_____	_____		_____	_____	_____	_____

22 Aussprache

Werk in tweetallen. **Lees** om de beurt een zin voor.

Länder
1. Die Niederlande und Surinam.
2. Deutschland und Frankreich.
3. Dänemark und Russland.
4. Finnland und die Schweiz.
5. Österreich und die USA.

Städte
6. Paris, Berlin und Brüssel.
7. München, Hamburg und Dortmund.
8. Münster, Köln und Düsseldorf.

23 Plauderecke B

Je vraagt / zegt	Du fragst / sagst	Du kannst antworten
1. Ga je vaak uit?	Gehst du oft aus?	Einmal im Monat. Ja, jedes Wochenende!
2. Met wie ga je uit?	Mit wem gehst du aus?	Mit meinen Sportfreunden. Mit meinen Freundinnen.
3. Hoe laat moet je thuis zijn?	Wann musst du zu Hause sein?	Am Wochenende um halb elf. In der Woche um halb zehn. Das darf ich selbst bestimmen.
4. Ga je graag naar een popconcert?	Gehst du gern auf ein Popkonzert?	Ja, ich gehe oft auf ein Konzert. Nein. Die Karten sind so teuer!
5. Wat doe je als je uit-gaat?	Was machst du, wenn du ausgehst?	Ich gehe am liebsten ins Kino. Ich gehe gern in die Stadt.

Heute Abend fahre ich mit Liebe auf ein Konzert!

a Luister op de ►Site naar *Plauderecke B* en **lees** mee.

b **Lees** *Plauderecke B* nog een keer goed door.

c **Werk** in tweetallen. A **stelt** een vraag met woorden uit de eerste, tweede en derde kolom. **Let** op: de schuingedrukte werkwoorden staan nog niet in de goede vorm. B **beantwoordt** de vragen. **Wissel** na de laatste vraag van rol. **Kijk** eerst naar het voorbeeld.

Voorbeeld: Gehst du gern auf ein Popkonzert?   Nein, die Karten sind so teuer.

1	2	3
gehen du	gerne in ein	zum Ausgehen?
geben es	*müssen* du	Café
wann	*gehen* du	~~auf ein Popkonzert?~~
mit wem	~~gern~~	aus?
~~gehen du~~	viele Möglichkeiten	zu Hause sein?

d **Leer** nu *Plauderecke B*.

24 Hören

⚙ A2

Julia en Annika zijn tweelingzusjes. **Luister** op de ►Site naar *Das ist...* en **kruis** het juiste antwoord aan.

	hetzelfde	anders
1. kleur haar	○	○
2. kleur ogen	○	○
3. lengte	○	○
4. soort school	○	○
5. klas	○	○
6. lievelingskleur	○	○
7. hobby	○	○
8. danslerares	○	○

25 Aussprache

⚙ A1

Blonde Isa

Ronald erzählt seinem Freund Nikolas, dass er verliebt ist...

Ronald: Nikolas, ich muss dir was erzählen. Ich bin verliebt. Ich habe eine Freundin.

Nikolas: Klasse. Ich...

Ronald: Sie ist witzig, schön, hat lange blonde Haare und heißt Isa.

Nikolas: Blonde Isa!? Wie lange kennst du sie schon?

Ronald: Seit Samstag. Ich habe sie in der Disko getroffen. Um zehn musste ich zu Hause sein. Wegen dem Fußballspiel am nächsten Tag. Da sind wir ein Stück zusammen gelaufen. Sie wollte auch früh ins Bett gehen.

Nikolas: War es Liebe auf den ersten Blick?

Ronald: Ja! Sie ist fröhlich und lieb. Sie will einen Freund, der immer für sie da ist. Isa ist...

Nikolas: ...alleine auf der Welt. Ihre Eltern sind in einem Unfall ums Leben gekommen.

Ronald: Was? Wie?

Nikolas: Ich habe Isa auch in der Disko getroffen. Um halb elf. Wir sind ein Stück zusammen gelaufen. Sie wollte genauso wie ich früh ins Bett gehen.

Ronald: Oh, Mann! Wir reden von derselben Isa. Bin ich doof!

Nikolas: Und ich auch.

---

a Ronald is hopeloos verliefd op Isa. Dat vertelt hij aan een vriend. **Lees** het gesprek *Blonde Isa*.

b Oefen het gesprek met een klasgenoot. **Verdeel** de rollen. **Wissel** van rol.

c Werk in tweetallen. **Spreek** af wie er begint. Jij **vertelt** aan een klasgenoot in het Duits over Isa. Je **vertelt** over Isa in de *sie* -vorm, alsof zij jouw vriendin is. **Lees** wat je over Isa moet vertellen:

– naam:
– uiterlijk:
– hoe lang je haar kent:
– karakter:
– waar je haar hebt ontmoet:

Meine Freundin heißt Isa.
Sie ...

Klinkers	
Zo schrijf je het	**Zo spreek je het uit**
u	oe
ü	uu
a	aa / ah
ä	ee / è
o	oo / oh
ö	eu / uh
i / ie	ie
ei	ai
eu	oi
äu	oi

Medeklinkers	
Zo schrijf je het	**Zo spreek je het uit**
s	s of z
ss	s
ß	ss
z	ts

26 Grammatik: werkwoorden met stam op -d of -t

a Lees de vervoeging van de werkwoorden goed door.

	wonen			*praten*			*wachten*	
	wohnen			**reden**			**warten**	
stam	**wohn**		stam	**red**		stam	**wart**	
ich	wohn	e	ich	red	e	ich	wart	e
du	wohn	st	du	red	est	du	wart	est
er			er			er		
sie	wohn	t	sie	red	et	sie	wart	et
es			es			es		
wir	wohn	en	wir	red	en	wir	wart	en
ihr	wohn	t	ihr	red	et	ihr	wart	et
sie	wohn	en	sie	red	en	sie	wart	en
Sie	wohn	en	Sie	red	en	Sie	wart	en

b Kleur bij *warten* en *reden* de vormen die niet dezelfde uitgang hebben als *wohnen*.

c Maak de volgende zinnen compleet.

Werkwoorden waarvan de stam eindigt op een -d of -t, krijgen in de uitgang de letter

_____ erbij.

- bij *du* schrijf je dus _____ in plaats van **st**.
- bij *er / sie / es* schrijf je dus _____ in plaats van **t**.
- bij *ihr* schrijf je dus _____ in plaats van **t**.

d Schrijf van elk werkwoord de vorm bij *du*, *er / sie / es* en *ihr* op.

	du	**er / sie / es**	**ihr**
1. gehen	*gehst*	*geht*	*geht*
2. baden	_____	_____	_____
3. spielen	_____	_____	_____
4. antworten	_____	_____	_____
5. mieten	_____	_____	_____
6. kaufen	_____	_____	_____

e Leer nu de werkwoorden *reden* en *warten*.

27 Wörter

Welke dingen zijn voor jou belangrijk bij vriendschap en liefde? **Omcirkel** deze woorden in het hart. Als je de betekenis niet weet, **gebruik** dan een woordenboek.

im Vordergrund
schlau
kontaktfreudig
ruhig
sportlich
lebhaft
gute Laune
Spaßkanone
zuverlässig
gemütlich
zärtlich
zuverlässig
positiv
nicht faul
nicht geizig
hübsch

28 Landeskunde

Wohin gehen wir in Wien?

In Wien gibt es viel zu tun, für Jung und Alt. Das ergibt sich aus den folgenden Texten.

Bellaria Kino

In diesem Kino werden keine modernen Filme gezeigt, nur ganz alte. Eine Stunde vor Vorstellungsbeginn trifft sich das Publikum, um miteinander zu plaudern.

Strandbar Hermann

Diese Strandbar ist super! Sie bietet viel Sand und viele Liegestühle. An jedem Wochentag wird ein Tagesteller (*dagschotel*) serviert.

Noir

Erlebe einen tollen Abend im Restaurant 'Noir'! Mache eine Reise in die Dunkelheit! Blinde oder sehbehinderte Menschen begleiten die Gäste. Viele Gäste sind begeistert über dieses Restaurant. Im Gästebuch steht:

'Wir waren heute im Noir und es war großartig! Tolles Essen und sehr guter Service!'

Latte Grande

Das Latte Grande bietet am Wochenende einen großartigen Brunch an. Er kostet rund € 10,-. Kinder, die Geburtstag haben, können hier umsonst essen.

Lees de tekst *Wohin gehen wir in Wien?* In elke tekst is één zin weggevallen. Welke zin hoort bij welke tekst? **Schrijf** de titel van die tekst op.

1. Der kostet nur € 6,90! _____

2. Auf der Webseite können Sie für den Brunch reservieren. _____

3. Vielleicht interessant für deine Oma und deinen Opa? _____

4. 'Wir hatten einen tollen Abend! Die Bedienung ist sehr nett!' _____

29 Rätsel

1. Ein Freund ist jemand, der dich akzeptiert (**F**) …	… 1000 Falsche. (**R**)
2. Freunde sind wie Sterne. Man sieht sie zwar nicht immer, (**R**) …	… uns die schlechten Zeiten vergessen. (**M**)
3. Freundschaft macht gute Zeiten noch besser und lässt (**M**) …	… wie du bist. (**Ü**)
4. Lieber einen wahren Freund als (**E**) …	Dich mag ich! (**R**)
5. Du bist bekloppt, verrückt und peinlich. (**F**) …	… aber sie sind immer da. (**I**)

a Links in de tabel staan allemaal halve zinnen. De andere helften staan rechts. Wat hoort bij elkaar? **Maak** de zinnen af. **Schrijf** de zinnen die rechts staan op.

1. _____

2. _____

3. _____

4. _____

5. _____

b Bij elke zin uit opdracht **a** horen twee letters. **Schrijf** alle letters achter elkaar op.

Welke zin komt eruit? _____ *eunde.*

30 Plauderecke A und B ⭐A2

Werk in tweetallen. **Voer** het gesprek. Jij bent A, een klasgenoot is B. **Vertaal** de Nederlandse zinnen. **Wissel** na het gesprek van rol. Je kunt 'vriend' in 'vriendin' veranderen. **Vervang** dan ook 'hij' door 'zij' en 'hem' door 'haar'.

A	B
Hey! Wie geht's?	Goed. Ik heb een vriend.
Cool. Hoe heet je vriend?	Hij heet … .
Hoe lang ken je hem?	Een week.
Waarom vind je hem leuk?	Hij is vrolijk, grappig en lief.
Wow! Wenn er jetzt noch gut aussieht, ist es dein Traumtyp.	*Sieht er ;-)!*
Glaub' ich sofort.	*Was machst du heute Abend?*

Hast du Lust was trinken zu gehen?	*O.K. Aber nicht zu lange.*
Hoe laat moet je thuis zijn?	Om 21.00 uur.
Kein Problem. Länger darf ich auch nicht weg.	

31 Hören

⭐A2

Lars vertelt iets over zijn oom Tom en Alex vertelt iets over zijn beste vriend Fabian. **Luister** op de ▶Site naar *Dies sind …* Welke tekeningen horen bij Tom? En welke bij Fabian? **Schrijf** de letters die bij de tekeningen staan achter de juiste naam. Er blijven drie tekeningen over.

A

B

C

D

E

F

G

H

I

Tom: _____

Fabian: _____

Schreiben

Als een meisje haar telefoon niet opneemt, kan er van alles aan de hand zijn. Haar vriendje vreest het ergste, terwijl haar broertje alleen maar geïrriteerd is. **Bekijk** de tekeningen. **Vertaal** de zinnen in het kader in het Duits. **Schrijf** ze op de bij de passende tekening.

> Hoe het in het (*het niet vertalen*) echt is! – wat de broer denkt – wat de moeder denkt – wat de vriend denkt – wat de vader denkt – wat de vrienden denken

33 Foto

En wat als een jongen *sein Handy nicht abnimmt*? Wat denken zijn moeder, vader, vrienden, zusje of vriendin dan? En hoe is het dan in het echt? **Maak** één foto. **Schrijf** onder de foto in het Duits wat de moeder, vader, vrienden, zus of vriendin denken.

34 Grammatik: werkwoorden met stam op -d of -t

Maak vraagzinnen. **Lees** eerst de tip. **Lees** daarna het voorbeeld.
Weet je het niet meer? **Kijk** dan in het grammaticaoverzicht op ►Seite 139-140 .

> **TIPP**
>
> **Vraag en antwoord**
> Staat er in het antwoord *ich*?   Schrijf dan in de vraag *du*.
> Staat er in het antwoord *wir*?   Schrijf dan in de vraag *ihr*.
> Staat er in het antwoord *er*?   Schrijf dan in de vraag *er*.

1. **Er** wartet auf den Bus. *Wartet er auf den Bus?*

2. **Ich** kaufe ein Handy. _____

3. **Wir** spielen Tennis. _____

4. **Ich** rede Deutsch. _____

5. **Wir** mieten *(huren)* ein Auto. _____

6. **Er** steht vor dem Haus. _____

7. **Ich** sitze auf dem Sofa. _____

8. **Wir** antworten nicht. _____

35 Lesen

⭐A1

Bekijk het concertkaartje en **beantwoord** de vragen. **Gebruik** een woordenboek. **Lees** eerst de informatie in het kader.

Herbert Grönemeyer

Herbert Grönemeyer is de bekendste zanger van Duitsland. In Duitsland, Oostenrijk en Zwitserland treedt hij in volle voetbalstadions op. In andere landen – Italië, Nederland, de Verenigde Staten – treedt hij voor veel minder mensen op. Bekende cd's van Herbert Grönemeyer zijn *4630 Bochum, Mensch, Zwölf* en *Schiffsverkehr*.

1. Waar in Berlijn was het concert? _____

2. Wanneer was het concert? **Schrijf** de dag, de datum en de aanvangstijd op.

   _____

3. Op het kaartje staat *Platzwahl frei*. Wat betekent dat? _____

4. Hoeveel kostte het kaartje? _____

36 Spiel

Je gaat het spel *Was ist die Frage?* spelen. **Lees** eerst de voorbeelden en de spelregels.

Voorbeelden:

1. Het antwoord is: *Ich wohne in Berlin.*   **Was ist die Frage?** *Wo wohnst du?*
2. Het antwoord is: *Ich bin 14 Jahre alt.*   **Was ist die Frage?** *Wie alt bist du?*
3. Het antwoord is: *Ich finde Deutsch klasse.* **Was ist die Frage?** *Wie findest du Deutsch?*

Spelregels:

– **Maak** groepjes van drie of vier personen.
– **Verzin** met elkaar vijf antwoorden zoals in de voorbeelden.

Als elk groepje vijf antwoorden heeft, kan het spel beginnen.
– Groep 1 leest het eerste antwoord voor aan groep 2.
– Groep 2 stelt de vraag die bij dit antwoord hoort. Is de vraag goed? Dan krijgt groep 2 één punt. Is de vraag fout, dan krijgt groep 2 natuurlijk 0 punten. In beide gevallen – dus bij goed of fout – leest groep 2 leest nu het eerste antwoord voor aan groep 3. Groep 3 stelt de vraag die bij dit antwoord hoort, enzovoort.

37 Schreibecke

⭐A1

a Lees de *Schreibecke* een keer goed door.

Je schrijft	Du schreibst
1. Hi!	Hallo!
2. Ik kan helaas niet.	Ich kann leider nicht.
3. Ik ga met vrienden naar de stad.	Ich gehe mit Freunden in die Stadt.
4. Heb je morgen iets te doen?	Hast du morgen etwas vor?

b Lees en **beantwoord** het bericht.

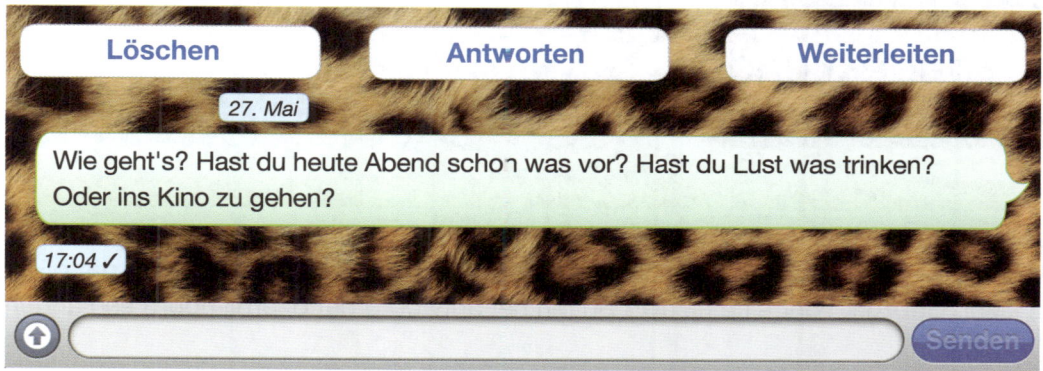

Löschen   Antworten   Weiterleiten

27. Mai

Wie geht's? Hast du heute Abend schon was vor? Hast du Lust was trinken? Oder ins Kino zu gehen?

17:04 ✓

Senden

Kies een aanhef en **schrijf**:
– de afkorting voor: Ik mis je.
– Kan helaas niet.
– Ga met vrienden naar de stad.
– Heb je morgen iets te doen?
– Heb je zin om ('om' *niet* vertalen!) morgen naar de bioscoop te gaan?
– de afkorting voor: We bellen.
– de afkorting voor: Ik houd van je.

c Leer nu de *Schreibecke*.

38 Hören

⭐A2

Bibi wordt vandaag 18. Ze gedraagt zich een beetje vreemd. **Luister** op de ►Site naar *Bibi flippt aus*. **Zet** de zinnen in de juiste volgorde. **Vul** de antwoordkolom in.

A   Bibi gaat iets met haar ouders doen.

B   Carlos is met een ander meisje in de bioscoop.

C   Bibi kan niet met Carlos naar de bioscoop.

D   Bibi wil Carlos nooit meer zien.

E   Bibi's ouders zijn iets ouder dan 40.

F   Bibi gooit de cola en popcorn in Carlos' gezicht.

1.	
2.	
3.	
4.	
5.	
6.	

39 Tattoos

Een tatoeage laten zetten is een grote stap. Je zet hem namelijk voor de rest van je leven. Kun jij een mooie tatoeage ontwerpen? Vast wel!
Ontwerp een tatoeage over liefde of vriendschap. **Let** op: de tatoeage moet een Duitse tekst hebben. Eén korte zin in het Duits is voldoende.

40 Landeskunde

In dit hoofdstuk heb je veel geleerd over uitgaan. In de volgende opdracht ga je daarmee aan de slag. **Kleur** de eerste zin in de linkerkolom. **Geef** een woord uit de kolom *Antwort* dat bij die zin past dezelfde kleur. **Gebruik** voor elke nieuwe zin (en het antwoord dat daarbij hoort) een andere kleur.

Satz

In deze stad wordt een heel grote kermis gehouden.
Zo heet de show over de Oostenrijkse zanger Falco.
Veel mensen in Berlijn gaan hier iets eten of drinken.
In deze stad staat de bioscoop *Millennium City*.
In dit restaurant in Wenen is alles donker.
In deze *Freilichtbühne* in Berlijn treden veel beroemde artiesten op.

Antwort

Noir
Wien
Herne
Waldbühne
Rock me Amadeus
Hackescher Markt

Op de ►Site www.trabitour.noordhoff.nl vind je:

- een handig programma om woordjes en grammatica te oefenen
- filmpjes om je kijk- en luistervaardigheid te trainen
- leuke webquests
- *Wimmelbilder*: zoekplaten waarmee je ook Duits leert
- een oefentoets
- alle luistervaardigheid en de *Lieder* met een karaokeversie
- oefeningen met de *Plauderecke* en de *Schreibecke*

Op naar de toets!

Wat moet je kennen en kunnen voor de toets over *Kapitel* 11?

○ *Lernecke* (zie ►**Seite 80 en 81**)
○ *Plauderecke A* en *Plauderecke B* (zie ►**Seite 61 en 67**)
○ *Schreibecke* (zie ►**Seite 77**)

Er worden ook vragen gesteld over de *Landeskunde* van dit hoofdstuk. Leer opdracht **40**.

Sectoren

Je hebt nu alle opdrachten gedaan die bij het normale *Kapitel* 11 horen. Na de *Lernecke* vind je extra opdrachten voor de sectoren **Landbouw** en **Economie**. Maak de opdrachten die bij jouw sector horen.

Staat jouw sector er niet bij? Dan komt die in het volgende hoofdstuk aan de orde.

Misschien vind je het toch leuk op een paar opdrachten voor andere sectoren te maken?

Grammatik

(1) Het bezittelijk voornaamwoord

mijn	jouw	zijn	haar	ons, onze	jullie	hun	uw
mein	dein	sein	ihr	unser	euer	ihr	Ihr

Een bezittelijk voornaamwoord maak je op dezelfde manier als *ein* of *eine*.
– Bij **mannelijke** en **onzijdige** woorden komt er <u>geen</u> uitgang achter het bezittelijk voornaamwoord.
– Bij **vrouwelijke** woorden en in het meervoud komt er een **e** achter het bezittelijk voornaamwoord.

	mannelijk		**vrouwelijk**		**onzijdig**		**meervoud**	
een	ein	Vater	ein**e**	Mutter	ein	Kind	-	
geen	kein	Vater	kein**e**	Mutter	kein	Kind	kein**e**	Kinder
bez. vnw.								
mijn	mein	Vater	mein**e**	Mutter	mein	Kind	mein**e**	Kinder
jouw	dein	Vater	dein**e**	Mutter	dein	Kind	dein**e**	Kinder
zijn	sein	Vater	sein**e**	Mutter	sein	Kind	sein**e**	Kinder
haar	ihr	Vater	ihr**e**	Mutter	ihr	Kind	ihr**e**	Kinder
ons, onze	unser	Vater	unser**e**	Mutter	unser	Kind	unser**e**	Kinder
jullie	euer	Vater	euer**e**	Mutter	euer	Kind	euer**e**	Kinder
hun	ihr	Vater	ihr**e**	Mutter	ihr	Kind	ihr**e**	Kinder
uw	Ihr	Vater	Ihr**e**	Mutter	Ihr	Kind	Ihr**e**	Kinder

(2) Werkwoorden met stam eindigend op -d of -t

antwoorden		**antworten**		*praten*		**reden**	
ik	antwoord	ich	antwort-e	ik	praat	ich	red-e
jij	antwoordt	du	antwort-**est**	jij	praat	du	red-**est**
hij/zij/het	antwoordt	er/sie/es	antwort-**et**	hij/zij/het	praat	er/sie/es	red-**et**
wij	antwoorden	wir	antwort-en	wij	praten	wir	red-en
jullie	antwoorden	ihr	antwort-**et**	jullie	praten	ihr	red-**et**
zij	antwoorden	sie	antwort-en	zij	praten	sie	red-en
u	antwoordt	Sie	antwort-en	u	praat	Sie	red-en
volt. deelwoord		ge-antwort-**et**		**volt. deelwoord**		ge-red-**et**	

Regel voor de tegenwoordige tijd:
Bij werkwoorden waarvan de **stam op een -d of een -t** eindigt (antwort-en, red-en) krijgen de vormen van *du, er/sie/es, ihr* en het voltooid deelwoord een extra **'e'** in de uitgang.

Wörterlisten

de bioscoop	das Kino
naar de bioscoop	ins Kino
het entreekaartje	die Eintrittskarte
de disco	die Disko
naar de disco	in die Disko
dansen	tanzen
het popconcert	das Popkonzert
naar een popconcert	auf ein Popkonzert
uitverkocht	ausverkauft
de voorstelling	die Vorstellung
het theater	das Theater
naar het theater	ins Theater
naar huis gaan	nach Hause gehen
zich omkleden	sich umziehen
iets aantrekken	etwas anziehen
uitgaan	ausgehen
afhalen	abholen
plezier hebben	Spaß haben

de vriend	der Freund
de vrienden	die Freunde
de vriendin	die Freundin
de vriendinnen	die Freundinnen
het karakter	der Charakter
het gezicht	das Gesicht
aardig	nett
behulpzaam	hilfsbereit
blij	froh
lang	groß
leuk	hübsch
lief	lieb
mooi	schön
nieuwsgierig	neugierig
trots	stolz
vriendelijk	freundlich
vrolijk	fröhlich
zorgvuldig	sorgfältig

Toll! Heute gehe ich mit Liebe aus!

LANDWIRTSCHAFT

1 Mein Wörterbuch für Landwirtschaft

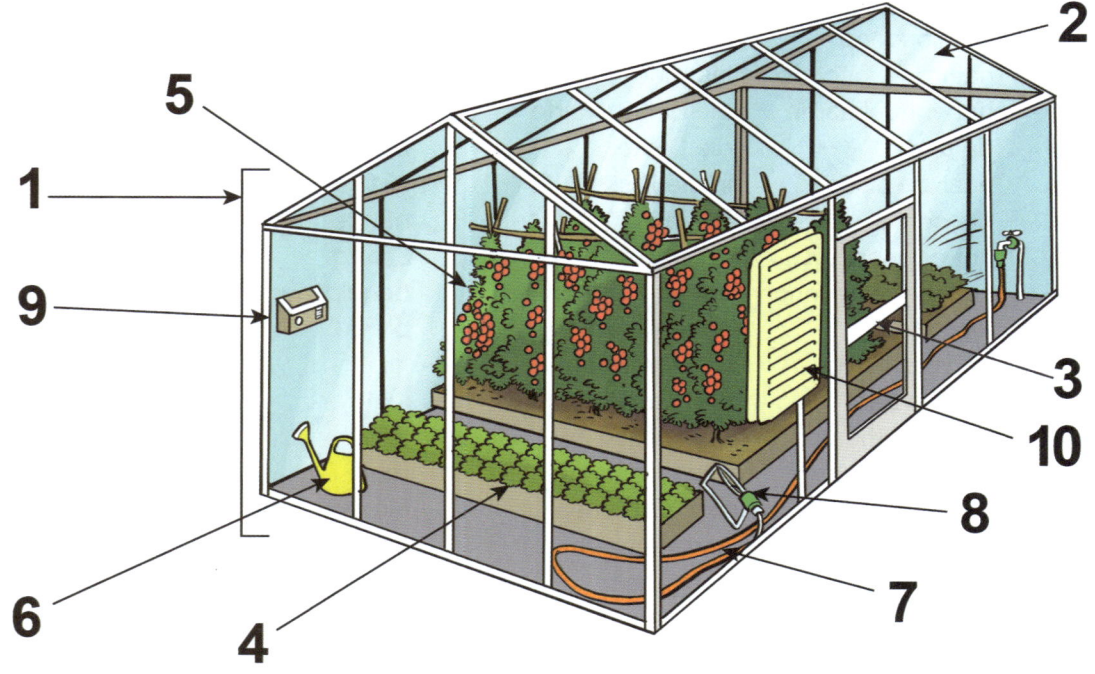

Schrijf het juiste nummer in de tabel.

Nummer	Nederlands	Duits
	het bloembed	das Beet
	de gieter	die Gießkanne
	de glazen deur	die Glastür
	het glazen raam	das Glasfenster
	de plantenkas	das Gewächshaus
	de thermostaat	das Thermostat
	de tomatenstruik	die Tomatenstaude
	de tuinslang	der Gartenschlauch
	de tuinsproeier	der Gartensprenger
	de verwarming	die Heizung

2 Lesen

Lees de tekst *Interview mit Sternekoch Ali Güngörmüs* en **kruis** steeds aan of de zin *richtig* of *falsch* is.

r   f

○ ○   1. Ali Güngörmüs proeft altijd het verschil tussen een biologische en een niet-biologische tomaat.

○ ○   2. Ali Güngörmüs heeft in Turkije gewoond.

○ ○   3. Ali Güngörmüs koopt biologische producten op de markt of bij de boer.

○ ○   4. Ali Güngörmüs zegt dat biologisch vlees minder vet heeft.

Interview mit Sternekoch Ali Güngörmüs

DIE ZEIT: Herr Güngörmüs, schmeckt Bio wirklich besser?

Güngörmüs: Ja!

DIE ZEIT: Sie würden es sich also zutrauen, in einem Blindtest eine Bio-Tomate von einer nicht-biologischen Tomate zu unterscheiden?

Güngörmüs: Okay, Sie haben recht: Bei allen Produkten würde ich den Unterschied sicher nicht erkennen. Aber ich habe meine ersten zehn Lebensjahre in der Türkei verbracht. Da haben wir selbst Obst und Gemüse angebaut.
Ich weiß noch, wie Früchte schmecken müssen, wenn sie natürlich, also biologisch angebaut werden. Eine Karotte zum Beispiel muss nach Karotte schmecken.

DIE ZEIT: Finden Sie diesen Geschmack bei einer Bio-Karotte aus dem Supermarkt?

Güngörmüs: Nicht immer. Es gibt gute und schlechte Bio-Produkte. Wenn ich selbst Bio kaufen will, kaufe ich nicht im Supermarkt, sondern frisch auf dem Wochenmarkt oder beim Bauern.
Es geht um die Person, die hinter dem Produkt steht. Heute bekommen wir wieder achtzig Kilo Bio-Kalbfleisch geliefert, direkt vom Hof.

DIE ZEIT: Wie ist das bei Fleisch – würden Sie Bio-Fleisch als solches erkennen?

Güngörmüs: Ja, bei Fleisch ist das anders als bei Gemüse oder Obst. Wenn Tiere im Freiland gehalten worden sind, dann merkt man das am Fleisch. Solche Tiere haben mehr Muskeln entwickelt und weniger Fett.

Nach: www.zeit.de

3 Sprechen

Oefen het volgende gesprek drie keer met een klasgenoot. **Vervang** de vetgedrukte woorden door andere woorden uit de tabel.

A

Wann wird **Brokkoli** gesät?

Und wann wird **Brokkoli** geerntet?

B

Moment, **von März bis Juni**.

Von Juni bis Oktober.

	Gemüse	säen	ernten
broccoli	Brokkoli	von März bis Juni	von Juni bis Oktober
knolselderij	Knollensellerie	von März bis Mai	im Oktober
Chinese kool	Chinakohl	von Juni bis August	im September und Oktober
spruitjes	Rosenkohl	im April und Mai	von Oktober bis Dezember
paprika	Paprika	von Februar bis April	von Juli bis September
radijs	Radies	von März bis August	von Juni bis Oktober
kropsla	Kopfsalat	von März bis August	von Mai bis Oktober
suikermais	Zuckermais	im Mai und Juni	von Juli bis September

1 Mein Wörterbuch für Wirtschaft

Schrijf het juiste nummer in de tabel.

Nummer	Nederlands	Duits
	de bagage	das Gepäck
	de cockpit	das Cockpit
	het landingsgestel	das Fahrwerk
	de motor	das Triebwerk
	de passagiers	die Fluggäste
	het passagiersvliegtuig	das Verkehrsflugzeug
	de piloot	der Pilot
	de stewardess	die Stewardess
	de vliegtuigtrap	die Flugzeugtreppe
	de wagen voor bagage	der Gepäckwagen

2 Lesen

a Lees de tekst *Flughafen Weeze* en **kruis** steeds aan of de zin *richtig* of *falsch* is.

r   f

- O O 1. Airport Weeze is het op twee na grootste vliegveld van de provincie *Nordrhein–Westfalen*.
- O O 2. Vanaf Airport Weeze vertrekken vliegtuigen van de vliegmaatsachappij *Ryanair*.
- O O 3. Op het vliegveld werken tussen de 1200 en 1250 mensen.
- O O 4. Op de parkeerplaatsen is ruimte voor 7000 auto's.

Flughafen Weeze

Der Airport Weeze ist der drittgrößte Flughafen in Nordrhein–Westfalen. Er liegt rund 70 km nördlich von Düsseldorf an der A57, unmittelbar an der niederländischen Grenze. 50 Prozent der Fluggäste kommen aus den Niederlanden. Hauptkunde ist die Low-Cost-Airline 'Ryanair'. Über 1.250 Beschäftigte arbeiten heute am Flughafen.

Airlines
Ryanair, airberlin, Sky Airlines, Transavia, Wizz Air, Tailwind, Germania

Terminal

Eröffnung:	1. August 2003
Kapazität:	ca. 3,5 Mio. Passagiere pro Jahr
Check-In Counter:	16
Abfluggates:	10
Reisebüros:	7
Passagierparkplätze:	7.000

b Lees het eerste stukje van de tekst nog een keer en **beantwoord** de vraag in het Nederlands. **Leg** je antwoord uit.

Hoeveel passagiers uit Nederland gebruiken elk jaar Airport Weeze? _____

_____

3 Sprechen

Hamburg → München (Hin- und Rückflug) / Ihr Flugpreis: € 78,03

Hinflug:
Do. 16. Jan. Hamburg → München Ab: 10:20 | An: 11:40 Direktflug Reisedauer: 01:20 h

Rückflug:
Mo. 20. Jan. München → Hamburg Ab: 12:30 | An: 13:50 Direktflug Reisedauer: 01:20 h

Oefen het gesprek met je buurman / buurvrouw, eerst voor de *Hinflug* en daarna voor de *Rückflug*. **Wissel** van rol.

A	B
Wohin fliegt das Flugzeug?	Es fliegt nach … .
An welchem Tag fliegt es?	An einem … .
Um wie viel Uhr fliegt es ab?	Um … Uhr.
Und um wie viel Uhr landet es?	Es landet um … Uhr.
Und wie lange dauert die Flugreise?	Die Flugreise dauert … .

12 Im Winter

Skiën of snowboarden is het leukst met een groep vrienden of familieleden. Maar misschien ben jij wel een koukleum en heb je helemaal geen zin om met ski's te slepen? Geen probleem. Een wintersportgebied heeft genoeg ander leuks te bieden: veel frisse lucht, prachtige uitzichten en après-ski: een mooi woord voor een gezellig avondje stappen.

Nederlanders gaan het liefst in Oostenrijk skiën. Maar ook in Duitsland en Zwitserland zijn prima skigebieden. Dit *Kapitel* gaat over het weer en de wintersport. *Also… auf die Bretter, fertig, los!*

Zum Glück habe ich Schal und Mütze!

1 Landeskunde

A

B

C

D

a Lees de inleiding en **bekijk** foto A. **Lees** de woorden op de skipiste. **Omcirkel** de woorden die niet met wintersport te maken hebben. **Schrijf** die woorden daarna achter elkaar. Welke zin komt eruit?

---

 b Lees de berichten. Waarom staan er huilende smileys in? **Schrijf** de vertaling van beide berichten op. Je mag een woordenboek gebruiken.

---

c Bekijk foto B en **lees** het bericht.

Wat weet je over Sandro Simonet? **Schrijf** de antwoorden in het Nederlands op.

1. Geboren in dit land: _____

2. Prijs gewonnen op de: _____

3. Soort medaille: _____

d Bekijk foto C en **lees** het bericht.

Löschen　　Antworten　　Weiterleiten

27. Mai

Hallo Tante Mia! Mama hat mir erzählt, du fährst ins Sauerland. Zum Skifahren. Wo liegt das Sauerland? Viel Spaß! Ingrid

Hallo liebe Ingrid! Das Sauerland liegt in Nordrhein-Westfalen und Hessen. Im Sauerland liegt die populäre Stadt Winterberg. Viele Niederländer machen hier im Winter Skiurlaub. Dein Deutsch ist übrigens echt gut. 😊👍

Danke. Mama spricht Deutsch mit mir. Und ich habe auch Deutsch in der Schule.

17:04 ✓

Senden

Ingrid heeft een Duitse moeder en tante. Ze weet niet waar Sauerland ligt. Jij wel?
Omcirkel gebied 1, 2, 3 of 4.

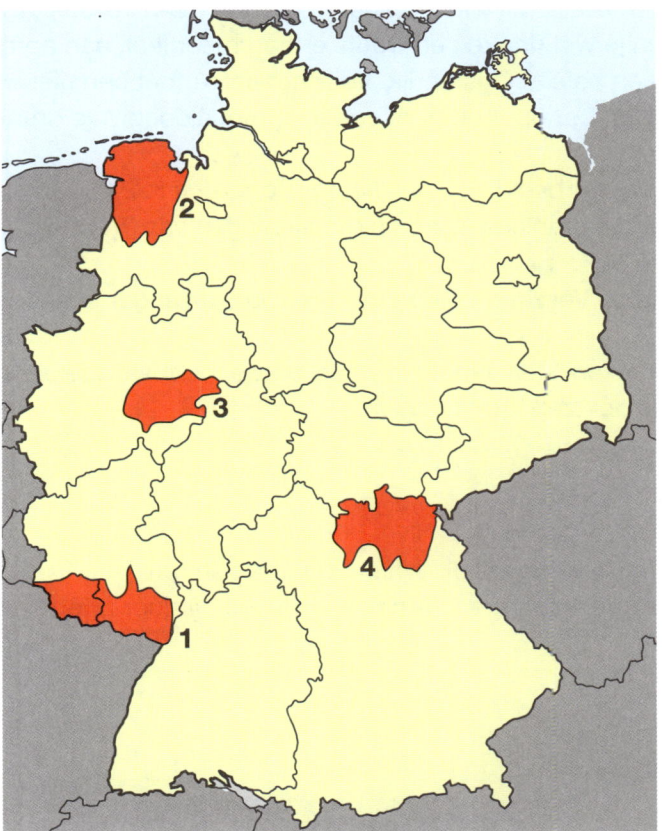

e Bekijk foto D en **lees** het bericht.

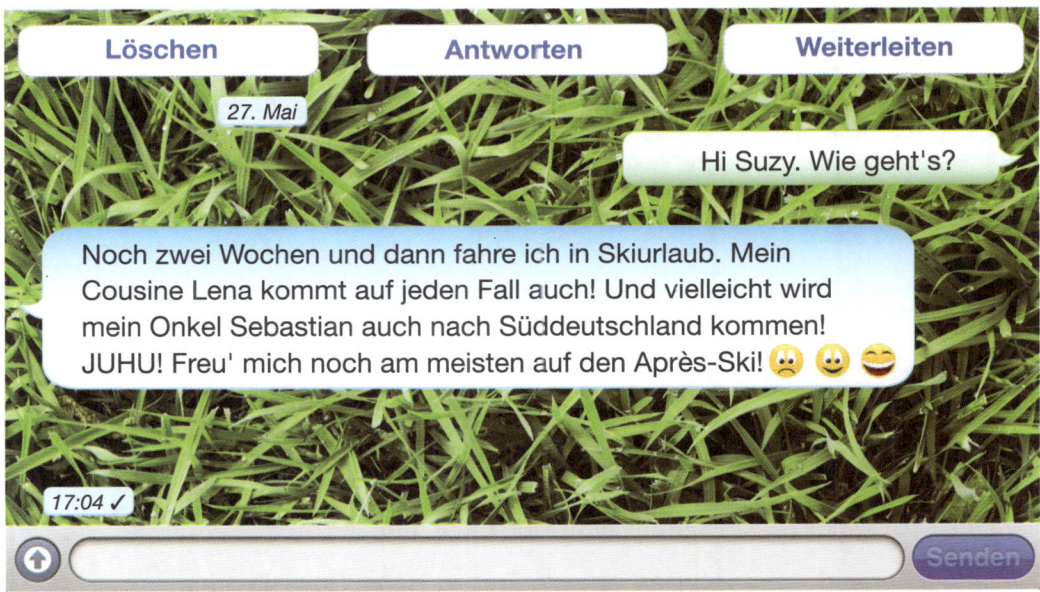

1. Wanneer gaat Suzy op wintersport en waar gaat de reis naartoe? _____

_____

2. Wie komt er in ieder geval en wie komt er misschien?

_____

2 Flyer

Après-Ski en *Glühwein* horen een beetje bij elkaar. Maar als je nog geen 18 bent, mag je geen *Glühwein* drinken. Wat kun je wel drinken en wat is er nog meer leuk aan après-ski? Stel je voor, je ouders hebben een café in Oostenrijk. Voor het café moet een nieuwe flyer worden gemaakt. **Maak** deze flyer. **Let** op: het moet een flyer met alcoholvrije drankjes worden! **Doe** dit als volgt:

– **Bedenk** een zin in het Duits. Bijvoorbeeld: *Bei uns ist der Après-Ski toll!*
– **Bedenk** twee alcoholvrije, warme drankjes. **Maak** hier tekeningen van. **Verzin** pakkende namen voor jouw drankjes.
– Welke muziek wordt er gedraaid? **Verzin** de naam van een Duitse zanger / zangeres of band.
– **Maak** de flyer nog mooier met tekeningen van mensen die plezier hebben tijdens *Après-Ski*.
– Als je niet graag tekent, kun je ook zelf foto's maken.

3 Sprechen

Voer het gesprek in het Duits met je klasgenoot. **Wissel** daarna van rol.
Let op: Je kunt *vriend* door *vriendin* vervangen. **Vervang** dan ook *hij* door *zij* en *hem* door *haar*.

A	B
Heb jij een vriend?	Ja, ik heb een vriend.
Hoe heet hij?	Hij heet Mischa.
Is hij lief?	Ja, en grappig.
Hoe lang ken je hem al?	Sinds zes maanden.
Ga jij vaak *(oft)* met hem *(mit ihm)* uit?	Ja, elk weekend. We gaan vaak naar de film.
Hoe laat moet je thuis zijn?	In het weekend om 24.00 uur.

4 Wörter

Kies uit de twee woorden het woord dat in de zin past. **Vertaal** dat woord in het Duits.

groot / behulpzaam   1. Sie will mir nie helfen. Sie ist nicht _____.

nieuwsgierig / knap   2. Sie sieht echt gut aus. Sie ist wirklich _____.

vrolijk / zorgvuldig   3. Paul lacht viel. Er ist immer _____.

vriendin / vriend   4. Das ist mein Freund Hans. Das ist meine _____ Lisa.

popconcert / gezicht   5. Emine hat ein schönes _____.

disco / bioscoop   6. Ich habe Lust tanzen zu gehen. Sollen wir in die _____. gehen?

naar huis gaan / plezier hebben   7. Die Mädchen wollen ausgehen und _____.

omkleden / aantrekken   8. Ich möchte etwas anderes _____.

Hören

☆A2

Frage nicht deine Mutter!

Eine Reise mit der Schule nach Österreich. 'Das ist toll!', meint Ilona. Und wie denkt ihre Mutter darüber?

Ilona:	Mama, darf ich mit der Schule nach Österreich in Skiurlaub fahren?
Mutter:	Wann? Und du kannst doch gar nicht Ski fahren?
Ilona:	Im Februar. Skier und so kann ich leihen und Skifahren kann ich lernen.
Mutter:	Das kostet aber eine Menge Geld.
Ilona:	Eigentlich nicht. Mein Sportlehrer ist auch Skilehrer. Der bringt uns das bei.
Mutter:	Ach so. Na ja. Wie teuer ist das denn?
Ilona:	Um die € 300,-. Tagesskipass für fünf Tage mit inbegriffen.
Mutter:	Das geht noch.
Ilona:	Toll! Fast unsere ganze Klasse kommt mit. Nur einige haben Wien gewählt.
Mutter:	Du kannst auch nach Wien? Dann musst du Wien wählen. Guck' hier im Prospekt. Wien ist sagenhaft. Schloss Schönbrunn, das Sisi-Museum, das Museum von Klimt...
Ilona:	Mama, DU musst nach Wien. Warum fährst du nicht, wenn ich Skifahren bin, mit Papa nach Wien? Ist das nicht eine tolle Idee?
Mutter:	Ja. Oh, Ilona, das ist eine tolle Idee. Soll ich deinen Vater jetzt gleich anrufen?
Ilona:	Natürlich. Super! Ihr fahrt nach Wien und ich werde Ski fahren. JUHU!
Mutter:	Nein, nein, Ilönchen. Du kannst dann nicht mehr fahren. Das wird viel zu teuer.
Ilona:	Sag' mal?! Mama, du musst dich echt nie mehr wundern, dass ich ab jetzt alles – und ich meine wirklich alles – nur noch mit Papa bespreche.

bordhoff Uitgevers bv

Ilona wil graag gaan skiën in Oostenrijk. Volgens haar moeder is er daar nog wel meer te doen. **Luister** op de [► **Site**] naar *Frage nicht deine Mutter!* en **lees** mee. **Schrijf** op wat Ilona nog meer vertelt over de skivakantie.

Ilona

met school _____

skispullen kan ik lenen, skiën kan ik daar leren _____

_____, inclusief een skipas voor 5 dagen.

6 Grammatik: werkwoorden

a Schrijf de werkwoorden uit het kader in de juiste kolom.

> baden – gehen – haben – heißen – kaufen – liegen – mieten – putzen – reden – reisen – schlafen – sein – sitzen – warten

gaat zoals *wohnen*	stam op s, z, ß	stam op d, t	onregelmatig
1. _____	1. _____	1. _____	1. _____
2. _____	2. _____	2. _____	2. _____
3. _____	3. _____	3. _____	
4. _____	4. _____	4. _____	

b Vertaal steeds het werkwoord voor de zin in het Duits. **Gebruik** de werkwoorden uit het kader van opdracht **a**. **Schrijf** daarna de juiste vorm in de zin.
Weet je het niet meer? **Kijk** dan in het grammaticaoverzicht op [► **Seite 139-140**].

1. kopen   kaufen   **Er** kauft einen Skihelm.

2. huren   _____   **Wir** _____ Skier.

3. hebben   _____   _____ **du** eine Mütze gekauft?

4. wachten   _____   Warum _____ **du** nicht auf uns?

5. heten   _____   Wie _____ **dieses Skigebiet**?

6. zijn   _____   **Wir** _____ in der Schweiz gewesen.

7. liggen   _____   **Meine Skibrille** _____ im Schnee.

8. praten   _____   _____ **ihr** übers Skifahren?

9. zitten   _____   _____ **du** auch im Skilift?

10. gaan   _____   **Ich** _____ nach Hause.

7 Wörterliste A

a De volgende woorden gaan over skiën en wintersport. **Lees** de woorden een keer goed
door.

	DER-woorden
de handschoen,	der Handschuh,
de handschoenen	**die** Handschuhe
de schaats,	der Schlittschuh,
de schaatsen	**die** Schlittschuhe
de ski, de ski's	der Ski, **die** Skier
de skiër	der Skifahrer
de skihelm	der Skihelm
de skipas	der Skipass
	DIE-woorden
de muts	die Mütze
de piste	die Piste
die skibril	die Skibrille
de skibroek	die Skihose
het skijack	die Skijacke
	DAS-woorden
het ijs	das Eis
het skigebied	das Skigebiet
het snowboard	das Snowboard
	OVERIGE WOORDEN
gemakkelijk	leicht
moeilijk	schwer
skiën	Ski fahren

b Lees het verhaaltje en **schrijf** achter elke tekening een woord uit de woordenlijst.

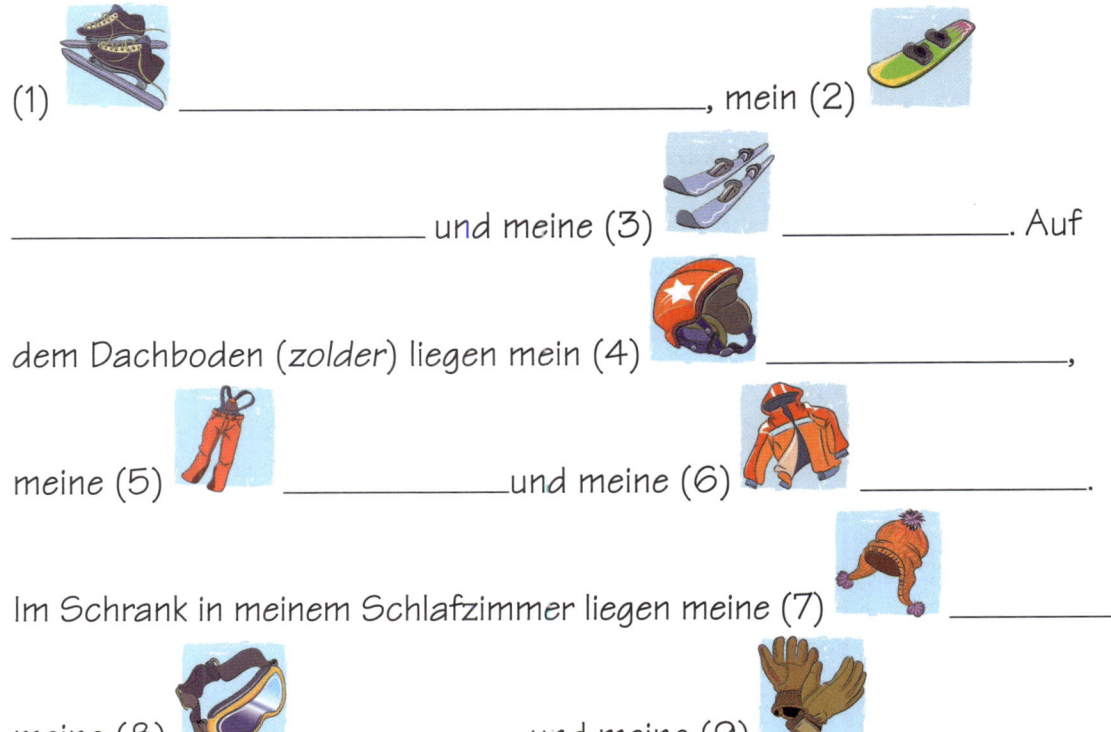

Den Winter finde ich super! In der Scheune (*schuur*) liegen meine

(1) _____, mein (2)

_____ und meine (3) _____. Auf

dem Dachboden (*zolder*) liegen mein (4) _____,

meine (5) _____und meine (6) _____.

Im Schrank in meinem Schlafzimmer liegen meine (7) _____,

meine (8) _____ und meine (9) _____.

c **Leer** nu de woorden Nederlands-Duits en Duits-Nederlands. Je kunt de woorden ook oefenen op de ► **Site** .

8 Lesen

★**A2**

Schlieri, der 'König der Lüfte'

Gregor Schlierenzauer ist ein bekannter Skispringer aus Österreich. Sein Spitzname ist 'Schlieri'.

Seine Sportkarriere fängt 1999 an. Gregor ist damals neun Jahre alt. Ein Freund fragt ihn: 'Wollen wir mal Ski springen?' Gregor sagt 'Ja!'. Seit dem ersten Training – im September 1999 – ist Skispringen für Gregor Sport Nummer 1!

Gregor hat schon bald Erfolg. Er wird 2006 Weltmeister bei den Junioren und holt in demselben Jahr seinen ersten Weltcupsieg. Schlierenzauer ist auch Olympiasieger und Weltmeister. Er trainiert hart dafür.

Noch einige Fakten:

- Sein weitester Sprung ist 243,5 Meter;
- Er landet mit einer Geschwindigkeit von 130 Kilometern pro Stunde;
- Seine Hobbys? Unter anderem Fußball, Tennis, Golf und Fotografieren.

Ken jij de bekendste Oostenrijkse skiër? **Lees** de tekst *Schlieri, der 'König der Lüfte'* en **beantwoord** de vragen in het Nederlands.

1. Wat is de bijnaam van Gregor Schlierenzauer? _____

2. Hoe oud was Gregor, toen hij met skispringen begon? _____

3. Wat gebeurde er in 2006?

   _____

4. Hoe ver is Gregor Schlierenzauer weleens gesprongen? _____

9 Sehen und Hören

Vandaag is Marcel in de wijk Friedrichshain in Berlijn. Hij gaat naar een training van een jeugdteam van de *Eisbären* kijken. Deze club is de bekendste ijshockeyclub van Duitsland. **Bekijk** op de ► **Site** het filmpje *Bei den Eisbären* en **kruis** steeds het juiste antwoord aan.

1. Waar kent Marcel Nils van?
   - ○ A van school
   - ○ B van sport

2. Zijn er in de O₂ World ook concerten?
   ○ A ja
   ○ B nee

3. Waar trainen de junioren?
   ○ A in de *O₂ World*
   ○ B in het *Wellblechpalast*

4. Hoeveel dagen per week traint Max?
   ○ A twee tot vier
   ○ B vijf

5. Hoeveel jongens zitten er in het team van Max?
   ○ A 17
   ○ B 23

6. Wat is er aan het einde van het seizoen?
   ○ A een toernooi voor de acht beste teams
   ○ B een toernooi voor de zes beste teams

7. Welke sport doet Marcel?
   ○ A badminton
   ○ B bowlen

8. Wat gaat Marcel drinken?
   ○ A ijsthee
   ○ B warme chocomel

10 Grammatik: Sprechen

Er is opruiming in de sportwinkel! **Kijk** naar de prijskaartjes. Leerling A **noemt** de oude prijzen en leerling B **vertelt** wat de skispullen nu kosten. **Kijk** eerst naar het voorbeeld.

<u>Voorbeeld</u>:

<u>Leerling A</u>: Die Skisocken kosten einundzwanzig Euro.

<u>Leerling B</u>: Nein, jetzt kosten die Skisocken zehn Euro.

	A	B
	€ 21,-	€ 10,-
1. 	€ 90,-	€ 70,-
2. 	€ 45,-	€ 30,-
3. 	€ 26,-	€ 12,-
4. 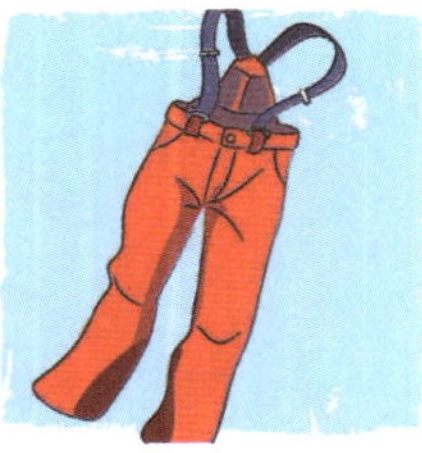	€ 80,-	€ 60,-
5. 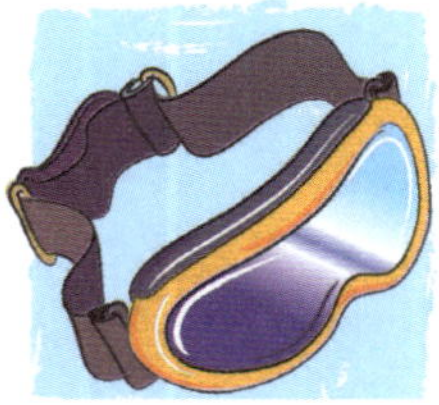	€ 35,-	€ 18,-
6. 	€ 19,-	€ 13,-

11 Lied

Der erste Winter

Silla:
Es wird kalt wenn das Jahr vergeht,
der Sommer war extrem trocken,
jetzt bilden sich die ersten
Schneeflocken,
schon früher hat uns diese Zeit gefallen,
deine schönen Augen funkeln wie ein
Eiskristall
unsere Hütte steht am Fuß des Berges
wenn du nur wüsstest, was du mir wert
bist!
Ich bin bei niemanden so ausgelassen
ich hab dir versprochen auf dich
aufzupassen
denn manchmal fehlen weit und breit
die Rettungsboote
du warst da als das Eis zu brechen
drohte
ich kann die Bilder sehen in jener Nacht
und denk zurück an unsere allererste
Schneeballschlacht
wie du gelächelt hast beim
Schlittenfahren
das war bevor wir so zerstritten waren
ich erwache aus dem Winterschlaf
mach meine Augen auf
doch du bist nicht mehr da

Cassandra Steen:
Das ist der erste Winter, in meinem
Leben
mein erster Winter, ohne Licht
der erste Winter, ich werd' ihn
überleben
den ersten Winter, ohne dich, ohne
dich, ohne dich!

Silla:
Diese Landschaft könnte ich
stundenlang betrachten
draußen sieht man schneebedeckte
Tannenzapfen
die Nacht umgibt die Sonne, deshalb
schimmert sie rot
wenn ich das Tal sehe, kommt die
Erinnerung hoch
du warst bereit aus dem Dorf in die
Stadt zu ziehen
für mich, dann wurd' gefeiert, Après-Ski
warum haben wir es nicht geschafft?
Ich muss an dich denken, jede kalte
Winternacht
denn das ist alles was mir blieb
ich schreibe diesen Brief
für den Fall, dass du ihn liest
in welches Land es dich auch zieht
ich werd' ewig auf dich warten
für den Fall dass du mich liebst
ich hab' gehofft, ich werde mit dir alt
spüre keine Wärme mehr, bitterkalt
werd' ich dich jemals wieder in den
Armen halten?
Ich folg' dir durch die kalte Jahreszeit!

Cassandra Steen:
Das ist der erste Winter, in meinem
Leben
mein erster Winter, ohne Licht
der erste Winter, ich werd' ihn
überleben
mein erster Winter, ohne dich, ohne
dich, ohne dich!

Silla, *Der erste Winter*

a Luister op de [▶ Site] naar het lied *Der erste Winter*. **Lees** de tekst mee.

b Lees de tekst nog een keer. **Kruis** op de tekening vijf dingen aan die kloppen met de tekst.

c Luister nog een keer naar het lied en **zing** mee! Op de [▶ Site] staat ook een karaokeversie!

12 Aussprache

a In de volgende opdrachten ga je een paar belangrijke klanken herhalen. **Luister** op de [▶ Site] naar de woorden en **onderstreep** in de laatste kolom hoe je de letter(s) uitspreekt.

Zo schrijf je het	Voorbeelden	Klank
1. s *en daarna een klinker*	**S**onne	sj- z
2. z	**z**wanzig	ts- s
3. ß	hei**ß**	s - sch
4. sch *en daarna een klinker*	**Sch**uhe	s - sj
5. sp	**Sp**ort	lange s-klank – korte s-klank
6. st	**St**adt	lange s-klank – korte s-klank

b Luister op de [▶ Site] naar de uitspraak van de woorden en **vul** de ontbrekende letter in

1. _____oo

2. _____o

3. _____üler

4. _____echs

5. _____al

6. _____ehen

7. _____elle

8. _____eele

13 Rätsel

Vul de woorden in. Ze beginnen allemaal met een S. De zinnen helpen je om de woorden te raden. **Let** op: de zinnen op het muurtje hebben een andere volgorde dan de zinnen erboven.

1. Das Auto steht auf der ... .
2. Ich komme zu spät. Ich stehe schon eine halbe Stunde im ... .
3. Das ... liegt im Hafen.
4. Mit meinem Freund hab' ich immer viel ... .
5. Anna ist sehr ordentlich und auch sehr ... .
6. Fatma ist bildhübsch, einfach sehr ... .
7. Ich fahre nicht mit dem Bus. Ich fahre mit der ... .
8. Mein Vater ist ... auf mich. Ich habe nämlich ein gutes Zeugnis (rapport).

(14) Plauderecke A

Je vraagt / zegt	Du fragst / sagst	Du kannst antworten
1. Ski je graag?	Fährst du gerne Ski?	Ja, Skifahren ist super! Ich bin noch nie Ski gefahren.
2. Kun je goed skiën?	Kannst du gut Ski fahren?	Das kann man wohl sagen. Nein, ich bin Anfänger.
3. Waar ga je op wintersport?	Wohin fährst du in Skiurlaub?	Meistens in die Schweiz. Nach Österreich oder nach Frankreich.
4. Met wie ga je daarnaartoe?	Mit wem fährst du dorthin?	Mit meinen Eltern und Geschwistern. Ich fahre mit Freunden dorthin.
5. Huur je ski's, of heb je ze gekocht?	Leihst du Skier, oder hast du sie gekauft?	Die leihe ich. Die haben meine Eltern gekauft.

a Luister op de ▶ Site naar *Plauderecke A* en **lees** mee.

b Lees *Plauderecke A* nog een keer goed door.

c Werk in tweetallen. **Stel** om de beurt een vraag en **geef** om de beurt antwoord. De persoon die rol B heeft, moet een zin uit de *Plauderecke* gebruiken die ongeveer hetzelfde betekent als de zin die bij zijn rol staat. **Wissel** na zin 5 van rol.

A

1. Fährst du gerne Ski?

2. Kannst du gut Ski fahren?

3. Wohin fährst du in Skiurlaub?

4. Mit wem fährst du dorthin?

5. Leihst du Skier, oder hast du sie gekauft?

B

Ja, Skifahren macht wahnsinnig viel Spaß.

Nein, ich habe das noch nie in meinem Leben gemacht.

Wir fahren eigentlich immer nach Österreich.

Mit meinem Bruder und meiner Schwester.

Die habe ich von meinen Eltern bekommen.

d Leer nu *Plauderecke A*.

15 Hören

A2

Je gaat luisteren naar reclames over een wintersportgebied in Oostenrijk. **Luister** op de ▶ **Site** naar *Kärnten* en **kruis** aan over welk wintersportgebied de zin gaat. **Lees** eerst de informatie over de *Molltäler Gletscher*.

Der Mölltaler Gletscher

53 km piste, altijd zonnig, blauwe lucht, prachtig uitzicht... De *Mölltaler Gletscher* in Kärnten is de mooiste skipiste van Oostenrijk.

	Katschberg	Villach	Mölltaler Gletscher
1. Dit gebied ligt heel hoog.	☐	☐	☐
2. Je bent snel op de piste.	☐	☐	☐
3. Er is veel zon.	☐	☐	☐

16 Lesen

Wenn mal was sein sollte ...

Hier finden Sie **Hilfe!**
- Notruf Tel. 110
- Polizeistation Winterberg Tel. (02981) 92930
- Feuerwehr / Rettungsdienst Tel. 112
- Krankentransport Tel. (02981) 1566
- Krankenhaus Winterberg Tel. (02981) 8020
- Ärztlicher Bereitschaftsdienst Tel. (02981) 19292
- Zahnärztlicher Bereitschaftsdienst Tel. (0291) 7676
- Hilfe für Opfer von Verbrechen Tel. (0291) 9083344
- Taxis: (02981) 908 877 / 484 / 2626 / 7337 oder (02983) 8289
- ADAC-Pannendienst Tel. (02981) 92110
- Tourist-Information Winterberg Tel. (02981) 92500
- Stadtverwaltung Winterberg Tel. (02981) 8000

Nach: vmbo BB 2009

Je bent op vakantie in Winterberg en je krijgt plotseling kiespijn. Welk telefoonnummer kun je dan het beste bellen? _____

 Grammatik: het werkwoord *werden*

a Lees de zinnen. **Onderstreep** steeds de juiste betekenis van het vetgedrukte woord.

1. Wir **werden** morgen nach Berlin fliegen.	worden	zullen
2. Mein Bruder Fabio **wird** ein guter Bäcker.	wordt	zal
3. Warum **werden** die Kinder mitgenommen?	worden	zullen
4. Ich **werde** Opa übermorgen besuchen.	Word	Zal
5. **Wirst** du zu uns kommen?	Word	Zal
6. Herr Müller, **werden** Sie helfen?	wordt	zult

b Maak de volgende zin compleet. *Het werkwoord werden betekent*

_____ *of* _____.

c Lees de vormen in schema door.

worden, zullen		werden	
ik	word / zal	ich	werde
jij	wordt / zal	du	wirst
hij	wordt / zal	er	wird
zij	wordt / zal	sie	wird
het	wordt / zal	es	wird

wij	worden / zullen	wir	werden
jullie	worden / zullen	ihr	werdet
zij	worden / zullen	sie	werden
u	wordt / zult	Sie	werden

d Leer nu de vormen van *werden*. In opdracht **36** ga je oefenen met de vervoeging van *werden*.

 Witz

Bekijk de mop. Een *Idiotenhügel* is een piste voor beginners. Wie of wat wordt er hier bedoeld met *Idiotenhügel*? **Kruis** het juiste antwoord aan.

○ A De rug van de ijsbeer.
○ B De pinguïn die in het water is gedoken.

19 Wörterliste B

a De volgende woorden gaan over het weer. **Lees** de woorden een keer goed door.

	DER-woorden
de hagel	der Hagel
de mist	der Nebel
de regen	der Regen
de regenbui	der Schauer
de sneeuw	der Schnee
de storm	der Sturm
de vorst	der Frost
de wind	der Wind
	DIE-woorden
de lucht	die Luft
de temperatuur	die Temperatur
de zon	die Sonne
	DAS-woorden
het onweer	das Gewitter
het weer	das Wetter
	OVERIGE WOORDEN
droog	trocken
fris	frisch
heet	heiß
koel	kühl

Guten Tag! Ich suche den Schnee!

b Welk soort weer past het beste bij de personen? **Streep** het foute antwoord door.

1. Lena: '-5 finde ich super!' — **Frost** — **Sturm**
2. Thomas: 'Regen? Nein, danke!' — **trocken** — **Hagel**
3. Mehmet: 'Donner und Blitz? Klasse!' — **Wetter** — **Gewitter**
4. Hakima: 'Mehr als 30 Grad? O.K!' — **kühl** — **heiß**
5. Mark: 'Keine Wolken? Toll!' — **Sonne** — **Schauer**
6. Maria: 'Heute kann ich Ski fahren!' — **frisch** — **Nebel**

c Leer nu de woorden Nederlands-Duits en Duits-Nederlands. Je kunt de woorden ook oefenen op de ▸ **Site** .

20 Spiel

Je gaat het kleurenspel spelen. Hoe doe je dat? **Lees** eerst de spelregels goed door.

Spelregels:
– **Maak** groepjes van vier personen. **Kies** samen een kleur, bijvoorbeeld *weiß*.
– Om de beurt noem je een woord in het Duits dat 'wit' is, bijvoorbeeld: *Schnee, Papier, Eisbär*. Je mag een woordenboek gebruiken.
– Als iemand uit de groep geen woord meer weet, is hij af. De anderen uit de groep gaan verder.
– De persoon uit de groep die de meeste woorden weet, krijgt een punt. Daarna kiezen jullie samen een andere kleur. Enzovoort.
– **Beslis** samen hoeveel bedenktijd iedere persoon krijgt.
– **Zorg** dat voor er ten minste twee woordenboeken (N-D en D-N) aanwezig zijn.

Viel Spaß!

21 Hören

Jenny is op wintersport in de woonplaats van Dennis, één van de beste snowboarders van Oostenrijk. Dennis en Jenny ontmoeten elkaar tijdens après-ski. Dennis vertelt niet aan Jenny dat hij een snowboardtalent is. Waarom niet? **Luister** op de ▶ **Site** naar *Weil Dennis Jenny mag*. **Kruis** steeds aan wie de zin zegt.

	Dennis	Jenny	Lisa
1. Jij skiet heel graag.			
2. Jij bent hier geboren en getogen.			
3. Kun jij mij dat leren?			
4. Maak eens indruk op me met een coole sprong!			
5. Ik ben met opzet gevallen. Het doet helemaal geen pijn.			
6. Ze weet niet dat ik goed kan snowboarden.			
7. Je bent de beste snowboarder van Oostenrijk.			
8. Kun je een verband om mijn hand doen?			
9. Ik kan niet meer snowboarden.			
10. Ik praat niet met iemand die me in de maling neemt.			

22 Wörter

Maak van de letters op elk snowboard een Duits woord en **schrijf** dat eronder. **Denk** aan de hoofdletter! **Schrijf** onder het Duitse woord de Nederlandse vertaling. Alle woorden staan in *Wörterliste B*.

A ceknort

B cfhirs

C usrheca

D lühk

E wttrigee

F fltu

23 Lesen

★A2

Retter in der Not!

Wenn ein Mensch in eine Lawine geraten ist, zählt jede Minute. Zur Rettung werden speziell ausgebildete Lawinen-Suchhunde eingesetzt. Sie suchen die Verschütteten mit ihrer feinen Nase und sie zeigen die Fundstelle durch lautes Gebell an. Dort graben die Retter von der Bergwacht.

Besonders geeignet als Lawinen-Suchhunde sind Schäferhunde,

Labradore, Border Collies und Golden Retriever. Diese Hunde beginnen schon als Welpen mit der Ausbildung. Es fängt mit einfachen Übungen an. Ein Gegenstand wird versteckt, der Hund sucht und findet ihn. Dafür bekommt er etwas Leckeres als Belohnung. So lernt er, dass es toll ist und sich lohnt, wenn er etwas findet.

Nach: Willi wills wissen, Nummer 9

a Lees de titel van de tekst en **bekijk** de foto. Waar gaat de tekst volgens jou over? **Lees** eerst de tip.

Het onderwerp van een tekst
Soms weet je al iets over het onderwerp van een tekst zonder de tekst te lezen. Dat zie je aan de foto's bij de tekst en dat lees je soms in de titel.

b Lees de tekst *Retter in der Not* en **raad** de betekenis van de woorden. **Kruis** A of B aan. **Lees** eerst de tip.

De betekenis van een woord raden
Als je in een tekst een woord leest dat je niet kent, dan kun je de betekenis daarvan vaak raden. Dat doe je door de zinnen te lezen die 'om het woord' staan.

1. ausgebildete	O A goed verzorgde	O B opgeleide
2. Verschütteten	O A mensen die onder de sneeuw liggen	O B zwaargewonden
3. Fundstelle	O A plek waar iemand gevonden is	O B plek van het ongeluk
4. Gebell	O A rinkelen van een bel om hun nek	O B blaffen
5. geeignet	O A lief	O B geschikt
6. Gegenstand	O A voorwerp	O B persoon

24 Aussprache

Werk in tweetallen. **Lees** om de beurt een zin voor.
1. Windstärke sieben.
2. Zehn Zentimeter Schnee.
3. Schlechte Sicht durch Nebel.
4. Schauer und Stürme.
5. Heiß, sonnig und trocken.
6. Minus dreizehn Grad.
7. Schöne Skisocken!
8. Die Temperatur: minus dreizehn Grad.

25 Unfall

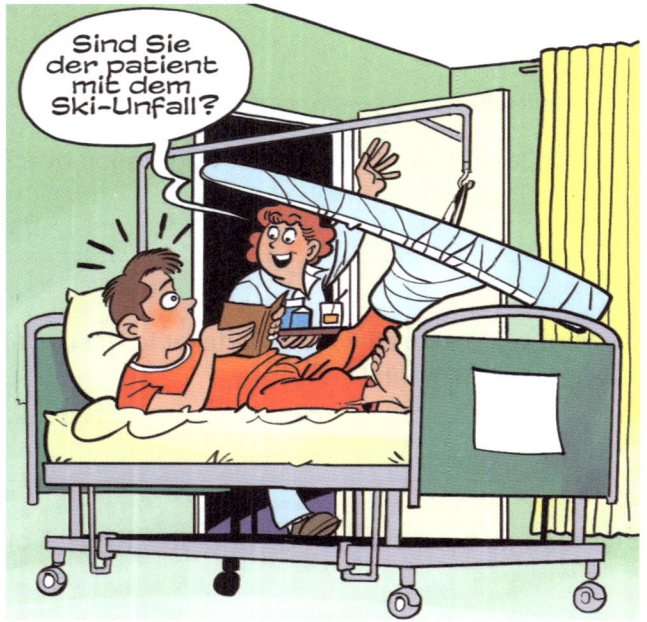

Bekijk de tekening. **Lees** de zin. Wat zou de patiënt antwoorden, denk jij? **Bedenk** iets grappigs. **Schrijf** je reactie in het Nederlands of Duits op. _____

_____

26 Grammatik: getallen

Schrijf in cijfers op in welk jaar de personen zijn geboren en overleden.

1. Nils Nebel: siebzehnhundertsiebzig bis achtzehnhundertsiebenundzwanzig

   _____

2. Sandra Schneefall: neunzehnhundertfünf bis zweitausendfünf

   _____

3. Wilhelm Wetter: neunzehnhunderteins bis neunzehnhundertzweiundneunzig

   _____

4. Helga Hagel: vierzehnhundertdreiundachtzig bis fünfzehnhundertsechsundvierzig

   _____

5. Greta Gewitter: siebzehnhundertfünfundachtzig bis achtzehnhundertdreiundsechzig

   _____

6. Dieter Dunst: achtzehnhundertneunzehn bis achtzehnhundertsechsundneunzig

   _____

27 Rätsel

a Schrijf de woorden in de puzzel.

Voorbeeld bij zin 5: Er ist nicht alt. Er ist *jung*.

1. Er ist nicht unten. Er ist … .
2. Das ist nicht mein Vater. Das ist meine … .
3. Das ist nicht rosa. Das ist … .
4. Der Weg ist nicht kurz. Der Weg ist … .
5. Er ist nicht alt. Er ist *jung*.

6. Das ist nicht schwarz. Das ist … .
7. Das ist kein Salz. Das ist … .
8. Das ist nicht richtig. Das ist … .
9. Das ist nicht gemein. Das ist … .
10. Er ist nicht groß. Er ist … .

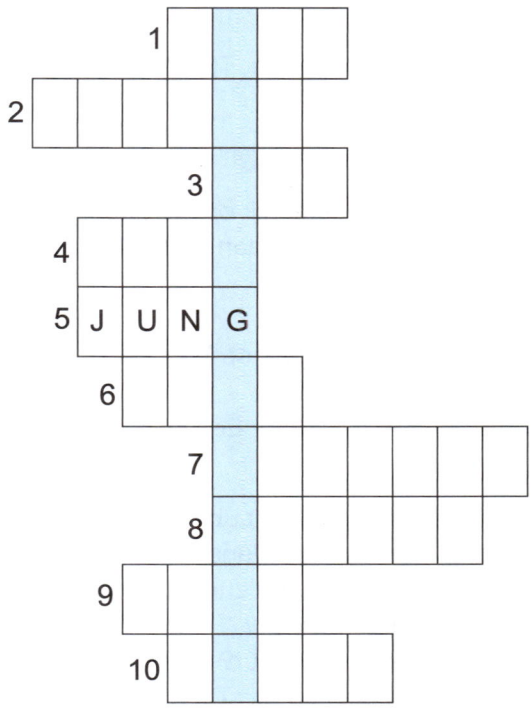

b Welk woord staat er in de puzzel van boven naar beneden?
Wat betekent het?

_____

28 Aussprache

⭐A1

Heute scheint die Sonne

Jana und ihre Mutter verbringen den Winterurlaub zusammen. Ihre Mutter interessiert sich aber nicht für Skifahren.

Vater: Und wie wird das Wetter morgen?
Jana: Gut. Heute ist es kalt, aber die Sonne scheint.
Vater: Ideales Wetter zum Skifahren.
Jana: Genau! Schade, dass du nicht hier bist, Papa.

Vater:	Fährt Mama nicht mit dir?
Jana:	Nein. Die schwarze Piste will sie sowieso nicht fahren. Heute Morgen war sie bei der Kosmetikerin. Jetzt ist sie in der Stadt einkaufen. Sie mag nicht mehr Ski fahren.
Vater:	Sie ist nur wegen dir und mir in Skiurlaub gefahren. Und ich habe abgesagt.
Jana:	Macht nichts, Papa. Wie sieht's bei dir aus?
Vater:	Es geht. Heute wird es regnen. Aber ist egal. Ich bin ja den ganzen Tag im Büro. Wann fahrt ihr eigentlich zurück? Samstagnacht oder Sonntag?
Jana:	Am Sonntag. Du, weißt du, was toll ist? Ich frühstücke jeden Morgen in einem Café.
Vater:	Wieso? Frühstückst du nicht im Hotel? Ist das Frühstück nicht gut?
Jana:	Doch. Aber im Café sind die Brötchen ausgezeichnet.
Vater:	Ach so!
Jana:	Moment. Da ist jemand an der Tür. Wartest du kurz? Ahhhhh, Papa, du bist gekommen!

a Jana is met haar moeder in Oostenrijk op wintersport. Haar vader heeft op het laatste moment afgezegd. Ze heeft hem nu aan de telefoon. **Lees** het gesprek *Heute scheint die Sonne*.

b Oefen het gesprek met een klasgenoot. **Verdeel** de rollen. **Wissel** van rol.

c Werk in tweetallen. Jij **stelt** de vraag. Een klasgenoot **geeft** antwoord en **maakt** de zin af met een zin uit het gesprek.

1. Welches Wetter hat Jana im Skiurlaub?   *Es ist kalt, …*
2. Warum fährt die Mutter nicht mit Jana?   *Die Mutter mag …*
3. Wann fahren Jana und ihre Mutter zurück nach Hause?   *Am …*
4. Wo frühstückt Jana jeden Morgen?   *Jana frühstückt jeden …*
5. Ist das Frühstück im Hotel nicht gut?   *Doch, aber im Café …*
6. Wer klopft bei Jana im Hotel an der Tür?   *Der …*

Klinkers	
Zo schrijf je het	**Zo spreek je het uit**
u	oe
ü	uu
a	aa / ah
ä	ee / è
o	oo / oh
ö	eu / uh
i / ie	ie
ei	ai
eu	oi
äu	oi

Medeklinkers	
Zo schrijf je het	**Zo spreek je het uit**
s	s of z
ss	s
ß	ss
z	ts

29 Landeskunde

Die besten Ski-Apps

Apps spielen auch beim Wintersport eine große Rolle!

Bergfex

Bergfex ist eine beliebte App für die Alpen. Im Programm sind die Pistenpläne, Schneehöhen und Wettervorhersagen.

White Risk, die SLF-App

Was sind die wichtigsten Ziele dieser App *(doelen van deze app)*? Unfälle vermeiden und eine schnelle Rettung ermöglichen. Mit dieser App kannst du dich über die Lawinengefahren informieren.

Sports Tracker

Diese App ist für Skifahrer, die ihre Trainingsergebnisse wissen wollen. Die App nimmt die zurückgelegte Strecke auf und gibt die Geschwindigkeit und verbrauchte Kalorien an.

Après-Ski

Mit dieser App verpasst du *(mis je)* keine Skihütte mehr. Die App sagt dir, wo es eine Party gibt. Du kriegst auch Informationen über Skihütten, Bars und Diskos in 250 Orten.

Lees eerst de tekst *Die besten Ski-Apps*. **Lees** daarna wat de jongeren zeggen en **schrijf** op welke app zij het beste kunnen gebruiken.

Emma (14)

Wie viele Zimmer gibt es? Wir möchten mit 20 Personen übernachten.

_____

Lina (15)

Heute Nacht ist viel Schnee gefallen. Ist es gefährlich, heute Ski zu fahren?

_____

Lukas (13)

Mal sehen … heute wird die Sonne scheinen. Toll!

_____

Mirko (17)

Bin ich heute 40 oder 50 Kilometer Ski gefahren?

_____

30 Plauderecke B

Je vraagt / zegt	Du fragst / sagst	Du kannst antworten
1. Waar overnacht je op vakantie?	Wo übernachtest du im Urlaub?	Wir übernachten in einem Hotel. Meine Eltern haben eine Ferienwohnung gemietet.
2. Ontbijt je in het hotel?	Frühstückst du im Hotel?	Ja, das Frühstück ist sehr gut. Nein, meistens frühstücke ich im Dorf.
3. Hoe lang blijf je in Winterberg?	Wie lange bleibst du in Winterberg?	Ich bleibe genau eine Woche. Wir bleiben dort fünf Tage.
4. Wanneer gaan jullie weer terug?	Wann fahrt ihr wieder zurück?	Übermorgen fahren wir zurück. In drei Tagen fahren wir zurück.
5. Wat voor weer wordt het morgen?	Was für Wetter wird es morgen?	Es wird den ganzen Tag schneien. Es wird kalt, aber die Sonne scheint.

Hier wird e n tolles Öl-Frühstück serviert.

a Luister op de ► Site naar *Plauderecke B* en **lees** mee.

b Lees *Plauderecke B* nog een keer goed door.

c Werk in tweetallen. A **stelt** een vraag met woorden uit de eerste, tweede en derde kolom. **Let** op: hij moet de werkwoorden nog in de goede vorm zetten. Die woorden zijn schuingedrukt. B **beantwoordt** de vragen. **Wissel** na de laatste vraag van rol. **Kijk** eerst naar het voorbeeld.

Voorbeeld: Wann fahrt ihr in Urlaub?   In drei Tagen.

1	2	3
~~Wann~~	*werden* es	Hotel oder in einem Café im Dorf?
Wo	*bleiben* du	~~in Urlaub?~~
Wie lange	*übernachten* du	wieder zurück nach Hause?
Frühstücken du	~~fahren ihr~~	in Winterberg?
Was für Wetter	im	morgen und übermorgen?

d Leer nu *Plauderecke B*.

31 Hören

Mevrouw Lieland en haar nieuwe skileraar wachten op de sklift. Ze kletsen de tijd gezellig vol. **Luister** op de ▶ Site naar *Das Leben von einem Skilehrer* en **kruis** steeds aan of de zin *richtig* of *falsch* is.

r f

○ ○ 1. De skileraar vindt dat de vrouw er voor haar leeftijd nog goed uitziet.
○ ○ 2. De skileraar vindt zijn werk niet zo leuk als het slecht weer is.
○ ○ 3. De skileraar is 18 en woont nog bij zijn ouders.
○ ○ 4. De skileraar vindt dat de jonge vrouw heel goed bij hem past.

32 Wörterbuch

a Lees de informatie over het opzoeken van woorden in een woordenboek.

Waar moet je het zoeken?

Een woordenboek kan heel handig zijn, maar niet alle woorden staan erin!

- Vervoegingen van werkwoorden staan niet in een woordenboek. Vormen als 'machst' of 'gemacht' zul je er dus niet in vinden. In het woordenboek staan alleen *hele* werkwoorden. Voor de betekenis van 'machst' en 'gemacht' moet je dus kijken bij 'machen'.
- Meervouden staan vaak niet in een woordenboek; je moet de betekenis dan bij het enkelvoud opzoeken. De betekenis van 'Häuser' staat dan bij 'Haus' (huis).

b Schrijf de vertaling van de onderstreepte woorden op. **Schrijf** daarachter het Duitse woord dat je hebt opgezocht. **Kijk** goed naar het voorbeeld.

		betekenis	opgezocht
1.	Wir haben Wasser <u>gekocht</u>.	*gekookt*	*kochen*
2.	Der Fahrer <u>hupt</u>.		
3.	Ich <u>miete</u> Skier.		
4.	Ich brauche zehn <u>Bretter</u>.		
5.	Hier hängt ein Hammer und dort liegen die <u>Nägel</u>.		
6.	Hier hast du zwei <u>Dosen</u> Cola.		

33 Plauderecke A und B ⭐A2

Werk in tweetallen. **Vertaal** de vragen en de antwoorden in het Duits. Jij **stelt** de vragen en een klasgenoot **geeft** antwoord. **Wissel** na de laatste vraag van rol.

A

| Waar overnacht jij op vakantie? |
| Ontbijt je in het hotel? |
| Huur je ski's of heb je ze gekocht? |
| Met wie ga je op wintersport? |
| Wat voor weer wordt het morgen? |
| Ski jij graag? |

B

| Mijn ouders hebben een huisje gehuurd. |
| Ja, het ontbijt is goed. |
| Die huur ik. |
| Met mijn vrienden. |
| Het gaat de hele dag sneeuwen. |
| Nee, ik ben beginner. |

34 Schreiben ⭐A1

a Lees de *Schreibecke* een keer goed door.

Je schrijft	Du schreibst
1. Het is hier fantastisch.	Es ist hier super.
2. Ik kan al skiën.	Ich kann schon Ski fahren.
3. De jeugdherberg is gezellig.	Die Jugendherberge ist gemütlich.
4. Ik vind het eten niet zo lekker.	Das Essen schmeckt mir nicht so gut.

b Hamza is met zijn klas op wintersport. Zijn moeder stuurt hem het ene berichtje na het andere. Maar Hamza heeft geen zin om te reageren... **Lees** alle berichtjes en **schrijf** een antwoord.

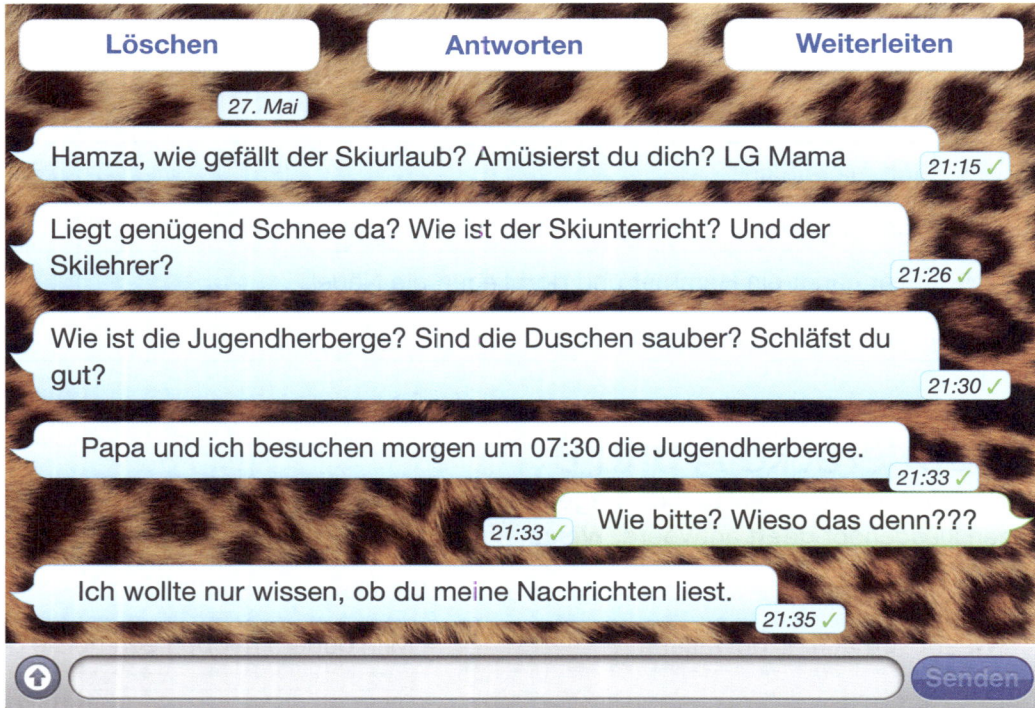

| Löschen | Antworten | Weiterleiten |

27. Mai

Hamza, wie gefällt der Skiurlaub? Amüsierst du dich? LG Mama   21:15 ✓

Liegt genügend Schnee da? Wie ist der Skiunterricht? Und der Skilehrer?   21:26 ✓

Wie ist die Jugendherberge? Sind die Duschen sauber? Schläfst du gut?   21:30 ✓

Papa und ich besuchen morgen um 07:30 die Jugendherberge.   21:33 ✓

21:33 ✓   Wie bitte? Wieso das denn???

Ich wollte nur wissen, ob du meine Nachrichten liest.   21:35 ✓

Senden

Beantwoord het bericht. **Schrijf:**
– Het is hier te gek.
– De skileraar is fantastisch.
– Ik kan al skiën.
– De jeugdherberg is gezellig.
– De douches zijn schoon.
– Het eten vind ik niet zo lekker.
– de afkorting voor: *Goede nacht mama*.

c Leer nu de *Schreibecke*.

 **Hören**

Je gaat luisteren naar een weerbericht. **Luister** op de ► Site naar *Wettervorhersage* en **lees** mee. **Schrijf** de ontbrekende woorden en getallen op.

Hier ist die Wettervorhersage vom **(1)** _____ Dezember. Heute ist es im Süden,

in Oberstdorf, 1 Grad kalt. Die Sonne ist kaum da. Es wird **(2)** _____ und in

den Bergen wird es schneien. Vereinzelt gibt es Eisregen.

In Düsseldorf, im Westen, sind es 3 Grad. Da ist es meist bewölkt.

In der Osthälfte und im Norden kommt vom Osten noch die kalte Luft. Hier sind es

noch **(3)** _____ Grad.

Im Osten und Norden muss man vorsichtig fahren. Hier wird es schneien und

deswegen werden die **(4)** _____ glatt sein. Rundum Kassel, in der Mitte von

Deutschland, gibt es mal Sonne mal **(5)** _____.

Morgen dreht der Wind nach Süden, er bringt warme Luft in das ganze

(6) _____, die Temperaturen steigen wieder in ganz Deutschland und die

Chancen auf Regen nehmen zu.

Die Zeit: es ist **(7)** _____.

36 Grammatik: het werkwoord _werden_

Schrijf in elke zin een vorm van _werden_. **Kies** uit:

> werde – werde – werden – werden – werdet – wird – wird – wirst

1. Wann _____ du uns kommen?

   Ich _____ morgen kommen.

2. _____ sie eine gute Verkäuferin?

   Ja, sie _____ eine gute Verkäuferin.

3. _____ ihr morgen nach Bremen fahren?

   Nein, wir _____ morgen nach Berlin fahren.

4. _____ Sie mir helfen, Frau Maier?

   Ja, ich _____ dir helfen.

 **37** Lesen

 **young austria**®

Österreichs Erlebnisgästehäuser

Wohin im Wintersport? Und wann?

Termine und tolle Gästehäuser für deine Wintersportwoche, Schulskikurs 2015!
Folgende Termine sind buchbar.

Hotel	Region	von	bis	Gruppengröße max.
Lindenhof	Eben	13.01.	18.01.	25
Peilsteinhof	Kleinarl	03.03.	08.03.	25
Sonnenhof	Maria Alm	09.02.	16.02.	50

6 Tage = 5 Nächte: Vollpension pro Person, inkl. 5 Tagesskipass: Preis pro Schüler: € 270,70

Verleihmaterial

Zudem können wir dir folgende Preise für das benötigte Verleihmaterial anbieten:

Skischuhe, Boardboots, Helm (5, 6, 7 Tage): € 40,-

Gerne bieten wir dir auch den kostenlosen Service für den Bus, der dich direkt vom Gästehaus zum
Skiort und wieder zurückbringt. Hier garantieren wir komfortable Reisebusse.

Das Team von Young Austria

Nach: www.youngaustria.com

a Lees de volgende zinnen. Het zijn stukjes uit een telefoongesprek tussen een leraar en de eigenaar van één van de hotels. **Lees** de tekst *Young Austria* en **schrijf** achter elke zin de naam van een hotel.

1. Also, in der Umgebung von Kleinarl. _____

2. Unsere Gruppe besteht aus 32 Personen. _____

3. Wir möchten im Januar nach Österreich fahren. _____

b Lees de tekst nog een keer. **Beantwoord** de vragen in het Nederlands.

1. Wat betekent *Vollpension*? **Maak** de zin compleet.

   overnachting, ontbijt, _____

2. Wat is – behalve *Vollpension* – nog meer bij de prijs inbegrepen?

   _____

3. Hoeveel moet je betalen voor de bus die je ophaalt en wegbrengt?

   _____

38 Wörter

Kijk naar de tekening. Ivo is nog niet goed voorbereid op zijn eerste skiles. Kun jij Ivo de juiste kleding voor op een skipiste laten aantrekken? **Schrijf** in het Duits zes woorden onder de tekening die met skiën te maken hebben.

_____

_____

39 Grammatik: *haben, sein* en *werden*

Schrijf de juiste vorm van het werkwoord voor de zin op. Weet je het niet meer? **Kijk** dan in het grammaticaoverzicht op ► **Seite 139-140** .

haben	1. Hast du noch Geld, Amelie?
sein	2. Ich _____ bei Oma.
werden	3. Ich _____ zu dir kommen.
sein	4. Oleg, _____ du krank?
haben	5. Wir _____ etwas gekauft.
werden	6. Er _____ mit uns reden.
sein	7. Herr Kohl, wo _____ Sie?
werden	8. Das _____ die Kinder nicht tun!
haben	9. Daisy _____ einen Hund.
sein	10. Er _____ nicht da.

40 Fertig? Los!

Bekijk de foto en **lees** de tekst. Stel je voor, je bent op wintersport. Je ontmoet bij de après-ski een jongen / meisje. Hij / zij vraagt of je morgen meegaat snowboarden. Jij hebt nog nooit eerder gesnowboard, maar je hebt gezegd dat je het heel goed kunt. Wat blijkt? Jouw vriend(in) is één van de grootste Oostenrijkse snowboardtalenten. Hij / zij stuurt je deze foto. Wat doe je? De waarheid zeggen of een smoes verzinnen? Je wilt niet afgaan en kiest voor de smoes...

Maak een foto (van jezelf). Op die foto moet duidelijk worden, dat je niet kunt gaan snowboarden. **Schrijf** er een grappige Duitse zin op.

Auf die Bretter, fertig, los!

Hören

a Patrick en Sander werken in een hotel. Ze zijn gisteren na het werk uitgegaan. Sander is bij Patrick blijven slapen. De volgende ochtend wordt Sander een paar keer gebeld. **Luister** op de ► Site naar *Teil 1* van *ZZZZZZZ*. Dit zijn vier voicemailberichten. Wat is de belangrijkste boodschap van elk bericht? **Vul** de antwoordbalk in. Er blijven twee antwoorden over.

1. eerste voicemailbericht
2. tweede voicemailbericht
3. derde voicemailbericht
4. vierde voicemailbericht

A Het is een drukte van jewelste in het hotel.
B Je moet eerder werken. Je moet voor Sander invallen.
C Er komen straks ook nog een paar bussen.
D Je moet om twee uur hier zijn. Anita ophalen.
E Er zijn een paar gasten ziek geworden.
F Je hoeft Anita niet op te halen.

Voicemail 1	Voicemail 2	Voicemail 3	Voicemail 4

b Luister op de ► Site naar *Teil 2* van *ZZZZZZZ*. Dit is een gesprek tussen Sander en Patrick op het moment dat ze wakker worden. **Beantwoord** de vragen in het Nederlands.

1. Waarom hoeft Sander niet te werken? _____

2. Waarom denkt Patrick dat hij nog even kan gaan slapen? _____

3. Waarom is Patrick een beetje boos op Sander? _____

42 Landeskunde

In dit hoofdstuk heb je veel geleerd over wintersport en het weer. In de volgende opdracht ga je daarmee aan de slag. **Kleur** de eerste zin in de linkerkolom. **Geef** een woord uit de kolom *Antwort* dat bij die zin past dezelfde kleur. **Gebruik** voor elke nieuwe zin (en het antwoord dat daarbij hoort) een andere kleur.

Satz

Satz	Antwort
In deze stad werden in 2012 de *Olympische Jugend-Winterspiele* gehouden.	Sauerland
In dit gebied skiën veel Nederlanders, omdat het niet zo ver van Nederland ligt.	Kärnten
In het noorden van dit land (waar Duits wordt gesproken) kun je ook skiën.	Ski Alpin
Zo heet een bekend wintersportgebied in Oostenrijk.	Italien
Dat is een bekende wintersport.	Innsbruck

Op de ▶Site www.trabitour.noordhoff.nl vind je:

- een handig programma om woordjes en grammatica te oefenen
- filmpjes om je kijk- en luistervaardigheid te trainen
- leuke webquests
- *Wimmelbilder*: zoekplaten waarmee je ook Duits leert
- een oefentoets
- alle luistervaardigheid en de *Lieder* met een karaokeversie
- oefeningen met de *Plauderecke* en de *Schreibecke*

Op naar de toets!

Wat moet je kennen en kunnen voor de toets over *Kapitel* 12?

- ◯ *Lernecke* (zie ▶ **Seite 121**)
- ◯ *Plauderecke A* en *Plauderecke B* (zie ▶ **Seite 100 en 111**)
- ◯ *Schreibecke* (zie ▶ **Seite 113**)

Er worden ook vragen gesteld over de *Landeskunde* van dit hoofdstuk. Leer opdracht **42**.

Sectoren

Je hebt nu alle opdrachten gedaan die bij het normale *Kapitel* 12 horen. Na de *Lernecke* vind je extra opdrachten voor de sectoren **Techniek** en **Zorg en Welzijn**. Maak de opdrachten die bij jouw sector horen.

Staat jouw sector er niet bij? Dan komt die in het volgende hoofdstuk aan de orde. Misschien vind je het toch leuk op een paar opdrachten voor andere sectoren te maken?

Grammatik

1 Werden

worden, zullen		**werden**	
ik	word	ich	werde
jij	wordt	du	wirst
hij/zij/het	wordt	er/sie/es	wird
wij	worden	wir	werden
julie	worden	ihr	werdet
zij	worden	sie	werden
u	wordt	Sie	werden
volt. deelwoord		geworden	

Wörterlisten

A

de ski	der Ski
de ski's	die Skier
skiën	Ski fahren
de piste	die Piste
de skiër	der Skifahrer
de skihelm	der Skihelm
die skibril	die Skibrille
de skibroek	die Skihose
het ski-jack	die Skijacke
de muts	die Mütze
de handschoen	der Handschuh
de handschoenen	die Handschuhe
de skipas	der Skipass
het skigebied	das Skigebiet
het snowboard	das Snowboard
de schaats	der Schlittschuh
de schaatsen	die Schlittschuhe
het ijs	das Eis
gemakkelijk	leicht
moeilijk	schwer

B

het weer	das Wetter
de regen	der Regen
de regenbui	der Schauer
de hagel	der Hagel
de sneeuw	der Schnee
het onweer	das Gewitter
de vorst	der Frost
de wind	der Wind
de storm	der Sturm
de mist	der Nebel
de zon	die Sonne
de temperatuur	die Temperatur
de lucht	die Luft
droog	trocken
fris	frisch
heet	heiß
koel	kühl

Skifahren macht Spaß!

rdhoff Uitgevers bv

TECHNIK

1 Mein technisches Wörterbuch

Schrijf het juiste nummer in de tabel.

Nummer	Nederlands	Duits
	de boormachine	die Bohrmaschine
	de duimstok	der Zollstock
	de hamer	der Hammer
	de houtzaag	der Fuchsschwanz
	de nijptang	die Kneifzange
	de schroevendraaier	der Schraubendreher
	de steeksleutelset	der Gabelschlüsselsatz
	de waterpas	die Wasserwaage
	de waterpomptang	die Wasserpumpzange
	de winkelhaak	der Anschlagwinkel

2 Lesen

Lees de advertentie en **kruis** steeds aan of de zin *richtig* of *falsch* is.

r   f

○ ○ 1. Een firma uit Cottbus zoekt bouwvakkers.
○ ○ 2. Het is een voordeel als je ervaring hebt met betonvlechten.
○ ○ 3. Er wordt alleen op bouwplaatsen in Cottbus gewerkt.
○ ○ 4. Het gaat om een tijdelijk contract.
○ ○ 5. Je moet schriftelijk solliciteren.

Für ein Unternehmen aus Cottbus suchen wir nach Baufacharbeitern (m/w).
Berufserfahrung – vor allem im
Eisenflechten – ist ein Vorteil.
Zu den Baustellen wird ab Cottbus mit
Betriebsautos gefahren.
Geforderte Anlagen: Lebenslauf.
Bitte keine schriftlichen Bewerbungen
zusenden.

Anfangsdatum:	30.09.
Land:	Deutschland, Region Brandenburg
Bezahlung, Minimalgehalt:	ab € 12,- brutto pro Stunde
Vertragsart:	unbefristet und Vollzeit
Führerschein erforderlich:	PKW / Kleinbusse
So bewerben Sie sich:	telefonisch

3 Sprechen

Oefen het volgende gesprek drie keer met een klasgenoot. **Vervang** het vetgedrukte woord door een ander woord uit de tabel.

A

> Würdest du gerne als **Dachdecker** arbeiten?

> Und warum?

B

> Nein, ich würde lieber als … arbeiten.

> Weil ich dann … .

Beroep	Beruf
dakdekker	Dachdecker
electricien	Elektriker
glaszetter	Bauglaser
loodgieter	Klempner
metselaar	Maurer
rioolbouwer	Kanalbauer
schilder	Maler
steigerbouwer	Gerüstbauer
stukadoor	Stukkateur
tegelzetter	Fliesenleger
timmerman	Zimmerer
vloerenlegger	Estrichleger

PFLEGE UND WOHLBEFINDEN

1 Mein Pflegewörterbuch

Schrijf het juiste nummer in de tabel.

Nummer	Nederlands	Duits
	de cakevorm	die Kuchenform
	de koekenpan	die Pfanne
	de kookpan	der Topf
	het mes	das Messer
	de mixer	der Mixer
	de pollepel	der Rührlöffel
	de rasp	die Reibe
	de schaal	die Schale
	de garde	der Schneebesen
	de snijplank	das Schneidebrett

2 Sprechen

Oefen het volgende gesprek drie keer met een klasgenoot. **Vervang** de schuingedrukte woorden door woorden uit het kader. **Vervang** de vetgedrukte woorden door woorden uit de woordenlijst van opdracht 1.

Kartoffeln braten – Nudeln kochen – Tomaten schneiden – in der Suppe rühren – einen Kuchen backen – Käse reiben – Eiweiß aufschlagen

A

Damit kann man *Kartoffeln braten*.

B

Kartoffeln braten? Mal sehen… **die Pfanne**!

3 Lesen

Obstpfannkuchen

Zutaten

250 g	Mehl
75 g	Zucker
3 mittelgroße	Eier
2 Pck.	Vanillinzucker
200 ml	Milch
$\frac{1}{2}$ TL	Salz

2 große Äpfel oder 1 Glas Kirschen

Zucker zum Bestreuen

Butter, neutrales Öl oder Margarine

Zubereitung

Das Eigelb vom Eiweiß trennen. Das Obst vorbereiten: zum Beispiel Äpfel schälen, entkernen, achteln und in feine Scheiben schneiden.

Die Eigelbe mit Zucker, Eiern, Vanillinzucker, Mehl, Milch und Salz zu einem glatten Teig verrühren. Die Eiweiße zu steifem Schnee schlagen. Zunächst das Obst unter den Teig rühren, dann den Eischnee vorsichtig unterheben *(spatelen)*.

Fett in einer Pfanne zergehen lassen und dicke Pfannkuchen darin bei schwacher bis mittlerer Hitze goldbraun backen. Die Pfannkuchen auf einen Teller legen und mit Zucker bestreuen.

Mousse aus Kinderschokolade

Zutaten

150 g	Kinderschokolade
2	Eier
30 g	Butter, zimmerwarm
1 EL	Zucker
$\frac{1}{2}$ Becher	Sahne

Zubereitung

Eier trennen. Dann Eiweiß zu Eischnee schlagen, Sahne samt Zucker ebenfalls steif schlagen. Kinderschokolade schmelzen und danach etwas abkühlen lassen.

Zimmerwarme Butter mit der noch flüssigen Schokolade mit einem Schneebesen vermengen. Nach und nach die zwei Eigelbe unter ständigem Rühren hinzugeben, bis eine geschmeidige *(smeuïg)* Masse entsteht, die glänzt.

Unter diese Masse nun vorsichtig die Sahne und den Eischnee unterheben. Bis zum Verzehr am besten über Nacht in den Kühlschrank stellen.

Nach: www.chefkoch.de

PFLEGE UND WOHLBEFINDEN

a Lees de ingrediënten. **Kruis** aan in welk recept de ingrediënten staan.

	Obstpfannkuchen	Mousse aus Kinderschokolade
1. appels	◯	◯
2. boter	◯	◯
3. chocolade	◯	◯
4. eieren	◯	◯
5. kersen	◯	◯
6. meel	◯	◯
7. melk	◯	◯
8. slagroom	◯	◯
9. suiker	◯	◯
10. vanillesuiker	◯	◯
11. zout	◯	◯

b Lees de recepten en **kruis** aan welke zin bij welk recept hoort. Soms kun je beide recepten aankruisen.

	Pfannkuchen	Mousse
1. De boter moet op kamertemperatuur zijn.	◯	◯
2. Je hebt eieren en suiker nodig.	◯	◯
3. Je hebt hier een half uur voor nodig.	◯	◯
4. Het eiwit kloppen.	◯	◯
5. Een nacht in de koelkast zetten.	◯	◯

c Duik de keuken in en **maak** één van de gerechten.

D Wiederholung
Kapitel 10, 11 und 12

> Alle opdrachten gaan over de *Kapitel* 10-12. Weet je de antwoorden bij de opdrachten niet? Kijk dan in de *Kapitel* 10-12.

1 Grammatik: werkwoorden

In elke zin is een fout gemaakt in het werkwoord. **Zoek** de fout en **verbeter** die.
Schrijf het juiste antwoord achter de zin.

1. Wann kommst er?   _____
2. Die Sonne scheinen heute nicht.   _____
3. Anna kaufe eine Skijacke.   _____
4. Ich sucht den Bahnhof.   _____
5. Was zieht du an?   _____
6. Machen ihr die Hausaufgaben?   _____
7. Meine Freundin Ramela gehe nach Hause. _____
8. Singt Sie gerne?   _____

2 Grammatik: *haben* en *sein*

Vul in elke zin een vorm van *haben* of *sein* in.

1. _____ du die Eintrittskarte gekauft?

2. Die Vorstellung _____ ausverkauft.

3. Meine Freundinnen _____ nett und fröhlich.

4. Hallo, ich _____ Lena und ich _____ 1.70 m groß.

5. Mein Bruder Fabian _____ seinen Skipass verloren.

6. Frau Müller, _____ Sie Verspätung?

7. Die Schüler (mv) _____ den Film nicht gesehen.

8. _____ du schon nach Hause gegangen?

3 Grammatik: werkwoorden met stam op -s, -z, -ß

Schrijf de juiste vorm op van de werkwoorden in de kantlijn.

tanzen   1. Mare _____ gerne.

sitzen   2. Meine Oma _____ oft im Garten.

heißen   3. Wie _____ du?

reisen   4. _____ er mit dem Flugzeug?

küssen   5. Ich _____ dich nicht. Ich bin erkältet.

tanzen   6. Du _____ gut!

reisen   7. Wir _____ nächste Woche nach Berlin.

sitzen   8. Wo _____ du?

4 Wörter

Vertaal de woorden in het kader. **Schrijf** ze onder de juiste tekening. **Let** op: er blijven twee woorden over.

> de voetganger – de brommer – het vliegveld – het schip – het vliegtuig –
> het treinkaartje – de bushalte – de kruising – de brug – het station

1	2	3	4
_____	_____	_____	_____

5	6	7	8
_____	_____	_____	_____

5 Grammatik: werkwoorden met stam op -d, -t

Vertaal de woorden tussen haakjes in het Duits.

1. (Ik wacht) _____ vor dem Kino.

2. (Hij antwoordt) _____ nicht.

3. (Wij vinden) _____ die Bushaltestelle nicht.

4. (Wacht jij) _____ nicht auf mich?

5. (Praten jullie) _____ über das Popkonzert?

6. Was (vind jij) _____ ?

7. Bastian (praat) _____ nur über Skifahren

8. (Werkt) _____ deine Schwester im Supermarkt?

6 Grammatik: het bezittelijk voornaamwoord

Vul in elke zin een bezittelijk voornaamwoord in. **Gebruik** de woorden in de sneeuwballen.
Zet die woorden nog wel in de goede vorm!

1. mijn   Anika ist _____ Freundin (v).

2. zijn   Ist das _____ neues Auto (o)?

3. onze   _____ Klasse (v) geht ins Kino.

4. jullie   Wer ist _____ Lieblingssänger (m)?

5. jouw   Wie heißt _____ Freund (m)?

6. haar   Hast du _____ Handschuhe (mv) gesehen?

7. uw   Wo haben Sie _____ Skijacke (v) gekauft?

8. hun   Haben Rakibe und Mehmet _____ Fahrkarten (mv) im Internet bestellt?

7 Lesen

Hallo!

Ich hatte vor kurzem einen schlimmen Streit mit meinem besten Freund Leon.
Es ging darum, dass er meinen Freund Tim nicht leiden kann. Leon hat mich beschimpft und fertig gemacht.
Ich habe angefangen zu weinen. Dann hat er gesagt, er braucht mich nicht und hat mir die Freundschaft gekündigt. Mir geht's jetzt total schlecht und ich weiß nicht, was ich machen soll. Einerseits bin ich verletzt und böse; er war so gemein zu mir. Ich würde auch gerne gemein zu ihm sein und ihn zum Weinen bringen. Andererseits will ich mich gar nicht mit ihm streiten. Was kann ich machen, damit wir wieder Freunde werden?

LG
Julia

Julia heeft ruzie met haar beste vriend Leon. **Lees** haar brief. **Streep** telkens het foute antwoord door.

1. Julia heeft sinds **kort / lange tijd** ruzie met Leon.
2. Leon kan haar **vriendje / nieuwe vriendin** niet uitstaan.
3. **Leon / Julia** heeft de vriendschap beëindigd.
4. **Leon / Julia** moest huilen, toen ze ruzie maakten.
5. Julia wil Leon **nooit meer / graag weer** zien.

8 Wörter

Lees de woorden van links naar rechts door. Welk woord hoort er niet bij? **Streep** dat woord door.

1. Regen   – Schauer   – Hagel   – Wind
2. Skibrille   – Skihose   – Skifahrer   – Skijacke
3. Piste   – Skigebiet – Skipass   – trocken
4. groß   – lieb   – neugierig   – stolz
5. Eintrittskarte – Kino   – Popkonzert – Disko
6. Taxi   – Fahrrad   – Auto   – Bus

9 Grammatik: *werden*

a Vertaal de onderstreepte zinsdelen.

1. Das Flugzeug wird um 20:00 Uhr ankommen. _____

2. Sie wird morgen 14 Jahre alt. _____

3. Du wirst bestimmt ein guter Bäcker. _____

4. Es wird regnen. _____

5. Die Temperatur wird steigen. _____

6. Ich werde auf dich warten. _____

b Vul een vorm van *werden* in.

1. Meine Tante _____ mit dem Zug kommen.

2. Emil und Mia _____ morgen nicht da sein.

3. Mein Freund _____ Skilehrer.

4. Ich _____ meine Hausaufgaben machen.

5. _____ ihr in den Ferien nach Österreich fahren?

6. Es _____ nächste Woche schneien.

7. Wann _____ du abgeholt?

8. Seine Oma _____ übermorgen 72 Jahre alt.

10 Quiz

Lees de vragen en **kruis** steeds het juiste antwoord aan.

1. Welches Auto ist ein Mädchenname?
   - ○ A Mercedes
   - ○ B Opel
   - ○ C Porsche

2. Was ist das bekannteste Gebäude in Berlin?
   - ○ A Alexanderplatz
   - ○ B Brandenburger Tor
   - ○ C Hafen

3. Welches Tier hat früher in Deutschland gelebt?
   - ○ A Elch
   - ○ B Löwe
   - ○ C Pandabär

4. Was befindet sich im Millenium City in Wien?
   - ○ A eine Disko
   - ○ B ein Fußballstadion
   - ○ C ein Kino

5. Was ist ein bekannter Markt in Berlin?
   - ○ A der Blumenmarkt
   - ○ B der Fischmarkt
   - ○ C der Hackesche Markt

6. Wie heißen die Kutschen in Wien?
   - ○ A Pferdeäpfel
   - ○ B Fiaker
   - ○ C Windeln

7. In welchem Land liegt das Sauerland?
   - ○ A in Deutschland
   - ○ B in Österreich
   - ○ C in der Schweiz

8. In welcher Stadt waren 2012 die Olympischen Jugend-Winterspiele?
   - ○ A in Hamburg
   - ○ B in Innsbruck
   - ○ C in München

11 Grammatik: getallen

Lees de zin en **schrijf** het onderstreepte woord in cijfers op.

1. Deutschland hat <u>sechzehn</u> Bundesländer. _____

2. Im Kino im Millennium City sind <u>einundzwanzig</u> Säle. _____

3. Deutschland grenzt an <u>neun</u> Länder. _____

4. In Deutschland gibt es <u>dreizehn</u> Städte, die mehr als 500.000 Einwohner haben.

   _____

5. Der Brocken ist ein Berg im Norden von Deutschland. Er ist <u>elfhunderteinundvierzig</u> m

   hoch. _____

6. Der Komponist Bach wurde im Jahre <u>sechzehnhundertfünfzig</u> geboren. _____

7. Der Fußballverein FC Bayern München ist mehr als <u>hundertzehn</u> Jahre alt. _____

8. In Deutschland gibt es mehr als <u>fünfundsiebzig</u> Städte, die mehr als 100.000 Einwohner

   haben. _____

12 Wörter

Luister op de ▶Site naar *Wörter*. **Vul** de ontbrekende letters in. **Kies** uit:

a − ä − o − ö − u − ü

1. h___ren

2. B___cher

3. m___chte

4. b___cken

5. s___chen

6. m___chte

7. B___ckerei

8. l___cheln

9. M___tter

10. V___gel

oordhoff Uitgevers bv

13 Wörter

Luister op de ▶Site naar *Wörter*. **Vul** de ontbrekende letters in. **Kies** uit:

> ä – eu – ö – u – ü

1. h_____te
2. D_____tzend
3. M_____ller
4. B_____sewicht
5. Hamb_____rger
6. ausf_____llen
7. L_____te
8. H_____lfte
9. L_____sung
10. L_____ft

14 Wörter

Luister op de ▶Site naar *Wörter*. **Vul** de ontbrekende letters in. **Kies** uit:

> s – z – ss – ß – sch

1. _____iehen
2. _____onne
3. hei_____en
4. kla_____e
5. _____ucker
6. _____albe
7. _____oo
8. la_____en
9. la_____en
10. _____um

Anhang

Hallo da!
Ich bin Trabi
und ich liebe
Deutsch!

Leertips

(A) Woorden leren

1 Lees de woorden uit de woordenlijst hardop. Dat helpt bij het leren.

2 Als je denkt dat je de woorden kent, bedek dan de Duitse woorden. Schrijf de vertaling van de Nederlandse woorden op. Controleer of je de woorden kent. De woorden die je niet kent, schrijf je op een ander blaadje. Deze woorden oefen je later nog een keer.

3 Leer woorden altijd in groepjes van tien. Je onthoudt woorden het beste als je ze vaak herhaalt.

4 Als je het moeilijk vindt om woorden te leren, schrijf ze dan op. Je kunt bijvoorbeeld briefjes maken met op de voorkant het Nederlandse woord en op de achterkant het Duitse.

- Maak vier briefjes met de eerste vier woorden uit de woordenlijst. Op de voorkant schrijf je het Nederlandse woord, op de achterkant het Duitse.
- Overhoor jezelf. Pak het eerste briefje en lees het Nederlandse woord. Schrijf op een blaadje de Duitse vertaling.
- Controleer met de achterkant van het briefje, of je het Duitse woord goed hebt geschreven.
- Nee? Leg het briefje links. Ja? Leg het briefje rechts.
- Als alle briefjes rechts liggen, maak je vier nieuwe briefjes met de volgende woorden uit de woordenlijst.
- Overhoor jezelf weer.
- Herhaal de woorden die je al eerder hebt geleerd.

(B) De *Plauderecke* leren

Lees de zinnen van de *Plauderecke* hardop. Verdeel de *Plauderecke* in groepjes van twee vragen met antwoorden. Leer de eerste twee zinnen. Je moet de Nederlandse vraag in het Duits kunnen vertalen. Op die vraag moet je in het Duits antwoord kunnen geven.
Als je de eerste twee zinnen kent, dan ga je verder met de volgende twee. Doe dit net zolang tot je alle zinnen geleerd hebt.

(C) Lezen

Open vragen

1 Het belangrijkste bij het beantwoorden van open vragen is dat je de vraag goed leest. Als je niet weet wat er gevraagd wordt, kun je nooit het juiste antwoord geven. Als de vraag is: 'Hoeveel tips worden er gegeven?' dan moet je een getal opschrijven en niet al die tips.

2 Is de vraag in het Nederlands? Dan moet je in het Nederlands antwoord geven. Een Duitse zin als antwoord uit de tekst overnemen is dus niet goed.

Meerkeuzevragen

Meerkeuzevragen lijken makkelijker dan open vragen, maar pas op! Vaak zorgen de antwoorden voor verwarring. Je kunt het beste eerst alleen de *vraag* lezen (en nog niet de antwoorden). Daarna lees je het stuk tekst dat bij de vraag hoort goed door en je probeert zelf het antwoord op die vraag te vinden. Dan pas kijk je bij de antwoorden. Kies het antwoord dat het meeste lijkt op het antwoord dat je al had gevonden.

Luisteren

Meerkeuzevragen

Tegelijk lezen en luisteren is moeilijk. Gebruik daarom de pauzes tussen vragen om de volgende vraag en antwoorden te lezen. Onderstreep of kleur de belangrijkste woorden in de antwoorden. Dan hoef je tijdens het luisteren alleen op die woorden te letten. Kies aan het einde van een fragment meteen een antwoord. Gebruik de pauze voor het lezen van de antwoorden bij de volgende vraag.

Piep! Hoe gaat de zin verder?

Bij luisteropdrachten waarbij je zinnen moet afmaken, sluit het antwoord aan op wat je eerder gehoord hebt. Bij het vinden van het juiste antwoord is het belangrijk dat je het verschil tussen antwoord A en antwoord B goed ziet. Vaak zijn A en B het tegenovergestelde van elkaar.

Concentratie

Zorg er voor dat je niet afgeleid wordt door de inhoud van je etui of door iets in je agenda. Probeer je te ontspannen. Doe tijdens het luisteren je ogen dicht of kijk naar een vast punt in het lokaal of op je tafel.

Als je niet alles begrijpt

Het is heel normaal als je niet alles begrijpt. Raak niet in paniek als je woorden hoort die je niet kent. Let vooral op woorden die je wel kent. Vaak is dat voldoende om vragen te beantwoorden.

Luisteren kun je oefenen

Luisteren kun je trainen. Als je vaak naar Duitse tv-programma's en films kijkt, ga je steeds beter Duits begrijpen. Op de websites van de Duitse tv-zenders ARD, ZDF en RTL kun je afleveringen van allerlei soorten programma's bekijken. Je klikt dan op *Sendung verpasst* of *Alle Sendungen A-Z.*

 Spreken

Fouten maken is niet erg

Durf Duits te praten! Het is helemaal niet erg als je fouten maakt. Van je fouten leer je en als je nooit fouten maakt, leer je er dus ook niks bij.

Een mini-spreekbeurt voorbereiden

- Schrijf één sleutelwoord op.
- Denk na wat je over dit sleutelwoord wilt zeggen en hoe je dat wilt zeggen.
- Bedenk daarna meer sleutelwoorden bij je spreekbeurt.

- Denk ook hier weer na, wat je over ieder woord wilt zeggen en hoe je dat wilt zeggen.

Met *bitte* klinkt het netter

De Duitsers gebruiken in vragen vaak het woord *bitte*. Dat betekent 'alstublieft' en 'alsjeblieft'. Het staat beleefd als je dit woord gebruikt. Ook is de kans groter dat je op je vraag een positief antwoord krijgt.

GRAMMATICA OVERZICHT

A Werkwoorden

B Zelfstandige naamwoorden

C Naamvallen

D Het voornaamwoord

E Overige

A Werkwoorden

① Haben

	haben *(hebben)*	
ik	ich	habe
jij	du	hast
hij/zij/het	er/sie/es	hat
wij	wir	haben
jullie	ihr	habt
zij	sie	haben
u	Sie	haben

volt. deelwoord gehabt

② Sein

	sein *(zijn)*	
ik	ich	bin
jij	du	bist
hij/zij/het	er/sie/es	ist
wij	wir	sind
jullie	ihr	seid
zij	sie	sind
u	Sie	sind

volt. deelwoord gewesen

③ Werden

	werden *(worden, zullen)*	
ik	ich	werde
jij	du	wirst
hij/zij/het	er/sie/es	wird
wij	wir	werden
julie	ihr	werdet
zij	sie	werden
u	Sie	werden

volt. deelwoord geworden

Regel voor de tegenwoordige tijd:

1. Zoek eerst de stam van het werkwoord door -en van het hele werkwoord af te halen. Van *machen* is de stam dus *mach-*.
2. Achter de stam komen vaste uitgangen die altijd bij dezelfde persoon horen. Zo hoort bij *ich* een -e achter de stam: *ich mach-e*.
3. Het voltooid deelwoord maak je met de volgende regel: ge + stam + t. Voorbeelden:
   ge-mach-**t**
   ge-spiel-**t**

④ Overige werkwoorden in de tegenwoordige tijd

doen		**machen**	
ik	doe	ich	mach-**e**
jij	doet	du	mach-**st**
hij/zij/het	doet	er/sie/es	mach-**t**
wij	doen	wir	mach-**en**
jullie	doen	ihr	mach-**t**
zij	doen	sie	mach-**en**
u	doet	Sie	mach-**en**

volt. deelwoord **ge**mach**t**

oordhoff Uitgevers bv

GRAMMATICA OVERZICHT

⑤ Werkwoorden met stam eindigend op -d of -t

antwoorden		**antworten**		*praten*		**reden**	
ik	antwoord	ich	antwort-e	ik	praat	ich	red-e
jij	antwoordt	du	antwort-**est**	jij	praat	du	red-**est**
hij/zij/het	antwoordt	er/sie/es	antwort-**et**	hij/zij/het	praat	er/sie/es	red-**et**
wij	antwoorden	wir	antwort-en	wij	praten	wir	red-en
jullie	antwoorden	ihr	antwort-**et**	jullie	praten	ihr	red-**et**
zij	antwoorden	sie	antwort-en	zij	praten	sie	red-en
u	antwoordt	Sie	antwort-en	u	praat	Sie	red-en
volt. deelwoord		ge-antwort-**et**		**volt. deelwoord**		ge-red-**et**	

Regel voor de tegenwoordige tijd:
Bij werkwoorden waarvan de **stam op een -d of een -t** eindigt (antwort-en, red-en) krijgen de vormen van *du, er/sie/es, ihr* en het voltooid deelwoord een extra **'e'** in de uitgang.

⑥ Werkwoorden met stam eindigend op -s, -z of -ß

dansen		**tanzen**	
ik	dans	ich	tanz-e
jij	danst	du	tanz-**t**
hij/zij/het	danst	er/sie/es	tanz-t
wij	dansen	wir	tanz-en
jullie	dansen	ihr	tanz-t
zij	dansen	sie	tanz-en
u	danst	Sie	tanz-en
volt. deelwoord		ge-tanz-t	

⑦ Modale werkwoorden en *wissen*

dürfen *(mogen toestemming hebben)*	**können** *(kunnen, in staat zijn tot)*	**mögen** *(houden van, lusten)*	**müssen** *(moeten, noodzaak)*	**wissen** *(weten)*	**wollen** *(willen)*
ich darf	ich kann	ich mag	ich muss	ich weiß	ich will
du darfst	du kannst	du magst	du musst	du weißt	du willst
er/sie/ es darf	er/sie/ es kann	er/sie/ es mag	er/sie/ es muss	er/sie/ es weiß	er/sie/ es will
wir dürfen	wir können	wir mögen	wir müssen	wir wissen	wir wollen
ihr dürft	ihr könnt	ihr mögt	ihr müsst	ihr wisst	ihr wollt
sie dürfen	sie können	sie mögen	sie müssen	sie wissen	sie wollen
Sie dürfen	Sie können	Sie mögen	Sie müssen	Sie wissen	Sie wollen
gedurft	gekonnt	gemocht	gemusst	gewusst	gewollt

Opmerking:
Bij *ich* en bij *er/sie/es* hebben deze werkwoorden geen uitgang.

B Zelfstandige naamwoorden

⑧ Het zelfstandig naamwoord

Der, *die* of *das* vertaal je met 'de 'of 'het'.

mannelijk	vrouwelijk	onzijdig	meervoud
der Mann	die Frau	das Kind	die Kinder

Regels om de Duitse lidwoorden te onthouden:

Mannelijk zijn:
- Alle woorden die biologisch mannelijk zijn: *der* Mann, *der* Stier.

Vrouwelijk zijn:
- Alle woorden die biologisch vrouwelijk zijn: *die* Frau, *die* Kuh.
- Zaaknamen die eindigen op een -e.

    de roos   *die* Rose

    de lamp   *die* Lampe

Onzijdig zijn:
- De meeste woorden waarvan het lidwoord in het Nederlands 'het' is.

    het schaap   *das* Schaf

    het kantoor *das* Büro

C Naamvallen

⑨ 'de', 'het', 'een' en 'geen'

- 'de' en 'het'

	mannelijk	vrouwelijk	onzijdig	meervoud
Duits	der Mann	die Frau	das Kind	die Kinder
Nederlands	de man	de vrouw	het kind	de kinderen

- 'een'

	mannelijk	vrouwelijk	onzijdig
Duits	ein Mann	eine Frau	ein Kind
Nederlands	een man	een vrouw	een kind

- 'geen'

	mannelijk	vrouwelijk	onzijdig	meervoud
Duits	kein Mann	keine Frau	kein Kind	keine Kinder
Nederlands	geen man	geen vrouw	geen kind	geen kinderen

10 *vor* en *für*

'Voor' is *für* of *vor*:

* Bij een plaatsbepaling en tijdsbepaling wordt *vor* gebruikt:
  plaatsbepaling   Der Wagen steht vor dem Haus.
  tijdsbepaling   Der Unfall passierte vor einer Woche.
  tijdsbepaling   Ich bin vor dir an der Reihe.

* *für* betekent 'bestemd voor'
  Ich habe das für dich gemacht.
  Die Paprika ist für den Salat.

11 *in, nach* en *zu*

1. in   =   *in*
   Ich bin in Amsterdam.

2. na   =   *nach*
   nach der dritten Stunde

3. naar =   *nach*
   a. naar een land/stad: Ich fahre nach Bern.
   b. naar links, naar rechts: nach links, nach rechts

4. naar =   *zu* (dit komt het meeste voor!)
   a. naar personen   Ich gehe zu meinen Freunden, zu Lotte, zum Arzt.
   b. als iets je doel is   Ich gehe zur Apotheke, zum Fest, zur Fete.

5. naar =   *in*
   in een aantal vaste uitdrukkingen:
   Ich gehe in die Disko.   Ich gehe ins Kino.
   Ich gehe ins / in ein Restaurant.   Ich gehe in die Sporthalle.
   Ich gehe ins Schwimmbad.   Ich gehe in die Stadt.
   Ich gehe in die achte Klasse.

D Het voornaamwoord

12 Het persoonlijk voornaamwoord

ik	**jij**	**hij**	**zij**	**het**	**wij**	**jullie**	**zij**	**u**
ich	du	er	sie	es	wir	ihr	sie	Sie

13 Het bezittelijk voornaamwoord

mijn	**jouw**	**zijn**	**haar**	**ons, onze**	**jullie**	**hun**	**uw**
mein	dein	sein	ihr	unser	euer	ihr	Ihr

Een bezittelijk voornaamwoord maak je op dezelfde manier als *ein* of *eine*.
- Bij **mannelijke** en **onzijdige** woorden komt er geen uitgang achter het bezittelijk voornaamwoord.
- Bij **vrouwelijke** woorden en bij het **meervoud** komt er een **'e'** achter het bezittelijk voornaamwoord.

	mannelijk		vrouwelijk		onzijdig		meervoud	
een	ein	Vater	ein**e**	Mutter	ein	Kind	-	
geen	kein	Vater	kein**e**	Mutter	kein	Kind	kein**e**	Eltern
bez. vnw.								
mijn	mein	Vater	mein**e**	Mutter	mein	Kind	mein**e**	Eltern
jouw	dein	Vater	dein**e**	Mutter	dein	Kind	dein**e**	Eltern
zijn	sein	Vater	sein**e**	Mutter	sein	Kind	sein**e**	Eltern
haar	ihr	Vater	ihr**e**	Mutter	ihr	Kind	ihr**e**	Eltern
ons, onze	unser	Vater	unser**e**	Mutter	unser	Kind	unser**e**	Eltern
jullie	euer	Vater	euer**e**	Mutter	euer	Kind	euer**e**	Eltern
hun	ihr	Vater	ihr**e**	Mutter	ihr	Kind	ihr**e**	Eltern
uw	Ihr	Vater	Ihr**e**	Mutter	Ihr	Kind	Ihr**e**	Eltern

E Overige

(14) Het hoofdtelwoord

0	null	20	zwanzig
1	eins	21	einundzwanzig
2	zwei	22	zweiundzwanzig
3	drei	23	dreiundzwanzig
4	vier	24	vierundzwanzig
5	fünf	25	fünfundzwanzig
6	sechs	26	sechsundzwanzig
7	sieben	27	siebenundzwanzig
8	acht	28	achtundzwanzig
9	neun	29	neunundzwanzig
10	zehn	30	drei**ß**ig
11	elf	40	vierzig
12	zwölf	50	fünfzig
13	dreizehn	60	*sechzig*
14	vierzehn	70	*siebzig*
15	fünfzehn	80	achtzig
16	*sechzehn*	90	neunzig
17	*siebzehn*	100	hundert
18	achtzehn	1000	tausend
19	neunzehn		

Opmerking:

Hoofdtelwoorden worden als één woord geschreven:

467 = vierhundertsiebenundsechzig

6240 = sechstausendzweihundertvierzig

(15) Het rangtelwoord

1. Rangtelwoorden worden volgens de volgende regels gemaakt:
   1 t/m 19 = getal + -te zwei -> zwei**te**
   vanaf 20 = getal + -ste zwanzig -> zwanzig**ste**
   Uitzonderingen: eins – *erste*, drei – *dritte*, sieben – *siebte*, acht – *achte*
2. In plaats van het uitschrijven van een rangtelwoord (dritte / zwanzigste / hundertste) kan het hoofdtelwoord worden opgeschreven, met daarachter een punt: 3. / 20. / 100.

(16) Hoofdletters

In het Duits wordt in de volgende gevallen een hoofdletter geschreven:
- aan het begin van de zin   **K**ommst du auch?
- bij alle zelfstandige naamwoorden **M**ann, **R**ad, **A**pfel
- bij alle aardrijkskundige namen **B**erlin, **R**hein, **Ö**sterreich
- het persoonlijk voornaamwoord *u* **S**ie, **I**hnen
- het bezittelijk voornaamwoord *uw* **I**hr-
- bij eigennamen   **A**nton, Filmpark **B**abelsberg

(17) Vraagwoorden

wie	wer
wat	was
waar	wo
waarheen	wohin
waarvandaan	woher
hoe	wie
wanneer	wann
waarom	warum
welk / welke	welche

(18) *du* en *Sie*

du zeg je tegen:
- alle familieleden;
- goede vrienden;
- kinderen tot ongeveer 16 jaar.

Sie zeg je in de overige gevallen.

(19) Klokkijken

een kwartier	eine Viertelstunde
een half uur	eine halbe Stunde
Hoe laat is het?	Wie spät ist es?
Het is drie uur.	Es ist drei Uhr.
Het is half vier.	Es ist halb vier.
Het is kwart over een.	Es ist Viertel nach eins.
Het is kwart voor vier.	Es ist Viertel vor vier.

(20) Trappen van vergelijking

Hoofdregel:

klein – klein**er** – klein**st**

In de vergrotende trap: + **-er**; in de overtreffende trap + **-st**, net als in het Nederlands.

Opmerkingen:

1. *Het grootst, het mooist, het snelst* worden in het Duits als volgt gevormd: **am** +
   overtreffende trap + **en**.
   Felix läuft schnell. – Sabine läuft schnell**er**. – Thomas läuft **am** schnellst**en**.
   Ein Hund wird alt. – Ein Pferd wird ält**er**.   – Eine Schildkröte wird **am** ältest**en**.

2. Sommige woorden krijgen in de vergrotende en overtreffende trap een Umlaut.

stark	– stärker	– stärkst	schwach	– schwächer	– schwächst
alt	– älter	– ältest	jung	– jünger	– jüngst
kalt	– kälter	– kältest	warm	– wärmer	– wärmst
lang	– länger	– längst	kurz	– kürzer	– kürzest
dumm	– dümmer	– dümmst	klug	– klüger	– klügst

3. Sommige vormen moet je uit het hoofd leren:
   viel – mehr – meist
   hoch – höher – höchst
   gut – besser – best
   gern – lieber – liebst
   groß – größer – größt

A

Abfahrt, die	het vertrek
Abflug, der	het vertrek (met het vliegtuig)
abholen	ophalen
abkühlen	afkoelen
Ampel, die	het verkeerslicht
anfahren	aanrijden
Anfangsdatum, das	de begindatum
Ansage, die	de aankondiging
anziehen	aantrekken
Anzug, der	het pak
Arbeitgeber, der	de werkgever
Arbeitnehmer, der	de werknemer
Arbeitsverhältnis, das	het dienstverband
aufräumen	opruimen
aufschlagen	kloppen
Augenzeuge, der	de ooggetuige
Ausbildung, die	de opleiding
ausgezeichnet	voortreffelijk
Auspuff, der	de uitlaat
außer	behalve
aussteigen	uitstappen

B

Backschüssel, die	de mengkom
Baustelle, die	de bouwplaats de wegwerkzaamheden
Becher, der	de beker
beißen	bijten
bekloppt	gek, getikt
Bereitschaftsdienst, der	de noodgevallendienst
Berggipfel, der	de bergtop
Bergwacht, die	de Duitse bergreddingsdienst
Berufserfahrung, die	de beroepservaring
Beschäftigte, der	de werknemer
Bescheid sagen	op de hoogte brengen
beschimpfen	uitschelden
Beschreibung, die	de beschrijving
bestreuen	bestrooien
Betrieb, der	het bedrijf
Beute, die	de buit

bewerben	solliciteren
Bewerbung, die	de sollicitatie
bewölkt	bewolkt
bitterkalt	erg koud
Blitz, der	de bliksem
brechen	breken
breit	breed
Brett, das	de plank
Brücke, die	de brug
buchbar	te boeken

D

Dach, das	het dak
Dachboden, der	de zolder
Dachdecker, der	de dakdekker
dauern	duren
deswegen	daarom
dorthin	daarheen
dreckig	vies
drehen	draaien
Dunkelheit, die	de duisternis
Durchschlag, der	het vergiet

E

ebenfalls	ook
einladen	uitnodigen
Eintrittskarte, die	de toegangskaart
Einzelfahrschein, der	het enkeltje (openbaar vervoer)
Eischnee, der	het geklopte eiwit
empört	verontwaardigd
entkernen	ontpitten
Erfolg, der	het succes
erforderlich	vereist, benodigd
sich ergeben aus	blijken uit
Ergebnis, das	het resultaat
erlauben	toestaan
erleben	beleven
ernten	oogsten
Eröffnung, die	de opening
erwachen	wakker worden
erwischen	betrappen
erzählen	vertellen

F

Fahrbahn, die	de rijbaan
Fakt, der	het feit
fälschen	vervalsen, namaken
fast	bijna
Ferienwohnung, die	het vakantiehuis
Festanstellung, die	de vaste baan
feucht	vochtig
Feuerwehr, die	de brandweer
Flug, der	de vlucht
Flügel, der	de vleugel
Flughafen, der	de luchthaven
Flugzeug, das	het vliegtuig
Flur, der	de hal
flüssig	vloeibaar
folgendermaßen	als volgt
Freilichtbühne, die	het openluchttheater
Freude, die	de vreugde
Freundlichkeit, die	de vriendelijkheid
Freundschaft, die	de vriendschap
Frost, der	de vorst
Führerschein, der	het rijbewijs
Führerscheinklasse, die	de rijbewijscategorie
Fundstelle, die	de vindplaats

 G

Garten, der	de tuin
Gebäude, das	het gebouw
Gebell, das	het geblaf
Gebrauch, der	het gebruik
gefährlich	gevaarlijk
Geisterbahn, die	het spookhuis
Geisterfahrer, der	de spookrijder
Gemeinde, die	de gemeente
geraten	geraken, komen
Geschmack, der	de smaak
Geschwindigkeit, die	de snelheid
Gleis, das	het spoor
gründlich	grondig

 H

Handtuch, das	de handdoek
Hauptkunde, der	de grootste klant
Hitze, die	de hitte
Hoheit, die	de hoogheid

 J

Jahreszeit, die	het seizoen
Jugendfreizeitstätte, die	de jeugdsoos

 K

Kaninchen, das	het konijn
Käsehobel, der	de kaasschaaf
Kerzenlicht, das	het kaarslicht
klappen	lukken
klitschnass	kletsnat
klopfen	kloppen
kochen	koken
krank	ziek
Kreisverkehr, der	de rotonde
kündigen	hier: beëindigen

 L

Landwirtschaft, die	de landbouw
Laune, die	de stemming
Lebenslauf, der	het cv
leihen	lenen
liefern	leveren
Lokführer, der	de machinist
Löwe, der	de leeuw

 M

mieten	huren
Minimalgehalt, das	het minimumloon
Müllsack, der	de vuilniszak
Muskel, der	de spier

nachdem	nadat
nachher	later
Nachricht, die	het nieuws
Neugier, die	de nieuwsgierigheid
Notruf, der	het alarmnummer

obwohl	hoewel
Opfer, das	het slachtoffer
ordentlich	netjes

passieren	gebeuren
Pferdeapfel, der	de paardenvijg
Pflege, die	de zorg
Platzwahl, die	de vrije-plaatskeuze
Pünktlichkeit, die	de stiptheid
Putzmittel, das	het schoonmaakmiddel
Raum, der	de ruimte
Rechnung, die	de rekening
reiben	raspen
Rentner, der	de gepensioneerde
Roller, der	de scooter
Rosenkohl, der	het spruitje
Rückflug, der	de terugvlucht
rühren	roeren

säen	zaaien
sagenhaft	legendarisch, geweldig
samt	samen met, met inbegrip van
schälen	schillen
Schauer, der	de bui
Schaumkelle, die	de schuimspaan
Scheibe, die	de plak, de snede
Schlagzeug, das	het drumstel
Schlittenfahren, das	het sleeën
Schlittschuh, der	de schaats

Schloss, das	het kasteel
schmeichelnd	vleiend
schmelzen	smelten
Schneebesen, der	de garde
Schneehöhe, die	de sneeuwhoogte
schneien	sneeuwen
sehbehindert	slechtziend
sonst	anders
sorgfältig	zorgvuldig
Spitzname, der	de bijnaam
spülen	afwassen
Spülmittel, das	het afwasmiddel
Stadtverwaltung, die	het stadsbestuur
stattdessen	in plaats daarvan
staubsaugen	stofzuigen
steif	stijf
Sternekoch, der	de sterrenkok
stolz	trots
streiten	ruziën
Suppenlöffel, der	de soeplepel

Teig, der	het deeg
Teilnahmegebühr, die	het inschrijfgeld
töten	doden
Türsteher, der	de uitsmijter

überschlagen	over de kop gaan
umsonst	gratis
unbefristet	voor onbepaalde tijd
Unfall, der	het ongeluk
unmittelbar	direct

verabreden	afspreken
Verbrechen, das	de misdaad
vereinzelt	soms
Verkehrsschild, das	het verkeersbord
verknallt	verliefd
Verleihmaterial, das	de verhuur van materiaal

verpassen	missen
verrühren	roeren
verschüttet	bedolven onder
verstecken	verstoppen
Vertragsart, die	het soort contract
verursachen	veroorzaken
Verzehr, der	de consumptie
verzögern	vertragen
Vierbeiner, der	de viervoeter
voraussichtlich	waarschijnlijk

wählen	kiezen
Werkstatt, die	de garage
wert	waard
Wettervorhersage, die	de weersvoorspelling
Windstärke, die	de windkracht
Wirtschaft, die	de economie
wischen	soppen, afnemen
Wohlbefinden, das	het welzijn

zahnärztlich	tandheelkundig
zergehen	oplossen, smelten
Ziel, das	het doel
zimmerwarm	op kamertemperatuur
Zubereitung, die	de bereiding
Zuckerwatte, die	de suikerspin
zudem	bovendien
zunächst	eerst
Zusammenprall, der	de botsing
zusenden	toesturen
Zutat, die	het ingrediënt
zutrauen	vertrouwen
Zuverlässigkeit, die	de betrouwbaarheid
zwingen	dwingen

DEUTSCHLAND

DÄNEMARK

NORDSEE

OSTSEE

SCHLESWIG-
HOLSTEIN

Kiel

Rostock

Schwerin

MECKLENBURG-
VORPOMMERN

POLEN

Bremerhaven

Hamburg

Bremen

NIEDERSACHSEN

Elbe

Oder

NIEDERLANDE

Osnabrück

Hannover

Wolfsburg

Braunschweig

SACHSEN-

Berlin

BRANDENBURG

Spree

Münster

Bielefeld

Hildesheim

Salzgitter

Magdeburg

ANHALT

Paderborn

NORDRHEIN-

Hamm

HARZ

Gelsenkirchen

Dortmund

Göttingen

Halle

Leipzig

Oberhausen

Essen

Bochum

WESTFALEN

Duisburg

Krefeld

Hagen

Kassel

SACHSEN

Mönchen-
gladbach

Düsseldorf

Remscheid

Dresden

Neuss

Solingen

Leverkusen

Erfurt

Jena

Gera

Köln

Siegen

Chemnitz

Aachen

Rhein

THÜRINGER WALD

THÜRINGEN

Zwickau

ERZGEBIRGE

BELGIEN

EIFEL

Koblenz

HESSEN

RHEINLAND-

Wiesbaden

Frankfurt

Mosel

PFALZ

Mainz

Offenbach

LUXEM-
BURG

Darmstadt

Main

Würzburg

TSCHECHISCHE

REPUBLIK

Kaiserslautern

Mannheim

Erlangen

SAARLAND

Ludwigshafen

Fürth

Nürnberg

Saarbrücken

Heidelberg

Neckar

Karlsruhe

BAYERISCHER WALD

Pforzheim

BADEN-

Regensburg

Stuttgart

Ingolstadt

FRANKREICH

SCHWARZWALD

WÜRTTEMBERG

Donau

BAYERN

Reutlingen

Augsburg

Iller

Inn

Freiburg

München

ÖSTERREICH

ALPEN

SCHWEIZ

0   125 km

© Noordhoff Uitgevers

DEUTSCHLAND

DÄNEMARK

Nordsee

Ostsee

• Kiel

SCHLESWIG-HOLSTEIN

MECKLENBURG-VORPOMMERN

Hamburg

• Schwerin

BREMEN

HAMBURG

Elbe

• Bremen

POLEN

NIEDERSACHSEN

BRANDENBURG

Oder

NIEDERLANDE

Hannover

Potsdam

• Berlin

BERLIN

• Magdeburg

Harz

SACHSEN-ANHALT

NORDRHEIN-WESTFALEN

• Dortmund

Ruhrgebiet

Sauerland

• Leipzig

SACHSEN

Düsseldorf

• Köln

• Dresden

• Bonn

Rhein

HESSEN

• Erfurt

THÜRINGEN

Erzgebirge

BELGIEN

Eifel

Wiesbaden

• Frankfurt

Main

TSCHECHISCHE
REPUBLIK

LUXEMBURG

RHEINLAND-PFALZ

• Mainz

SAARLAND

• Saarbrücken

Nürnberg

Bayerischer Wald

Stuttgart

BAYERN

FRANKREICH

BADEN-WÜRTTEMBERG

Donau

Schwarzwald

• München

ÖSTERREICH

Alpen

Bodensee

SCHWEIZ

0   125 km

Verantwoording

Beeldresearch: B en U International Picture Service, Amsterdam

Foto's:

Imageselect, Wassenaar: p. 6 (A, B, C), 36 mb, 127 l

Picture-Alliance, Frankfurt: p. 6 (D), 14, 26, 32, 36 mo, 56, 59 b, o, 71 b, m, 83, 86 (B, D), 94, 97, 104 o, 114

Shutterstock: p. 8 (A, B, C, D, E), 45 0, 46 m, o, 47 b, mb, mo, o, 65 l, ml, mr, r, 66 r, 86 (C), 99, 101, 110 mb, mo, o, 112, 125 lo, 130

Carine Ettema, Utrecht: p. 16, 55, 95

Hollandse Hoogte, Amsterdam: p. 18, 36 o, 48 (D), 85, 123, 128, 133

Wikimedia Commons: p. 20

Uli Stein / Catprint Media, Langenhagen: p. 23, 62, 102

iStockphoto: 27, 48 (B), 110 b, 125 rb

Fresh Images / Reporters, Haarlem: p. 36 b, 48 (A, C), 86 (A), 127 m, r

www.hunde-taxi.de: p. 39

www.noir-dining.com: p. 71 o

Grönemeyer, Schiffsverkehr / EMI Music: p. 75

Digital Vision: p. 104 b

Bergfex, http://www.bergfex.at: p. 109 b

WSL-Institut für Schnee- und Lawinenforschung SLF, www.whiterisk.org: p. 109 mb

Sports Tracker, http://www.sports-tracker.com: p. 109 mo

Après Ski, http://wrapware.de/android/apresski.html: p. 109 o

www.youngaustria.com: p. 116

Phovoir: p. 118

Illustraties:

Roel Venderbosch, Nijmegen: p. 3, 4-5, 6, 13 o, 24, 33, 43, 45 m, 48, 54, 64, 67, 81, 86, 93 b, 103, 111, 121, 1 (Anhang)

Peter Fitzverploegh, Utrecht: p. 9, 11, 18 o (2x), 19 (2x), 31, 38 (4x), 44, 46 b, 49, 52, 55, 57 (6x), 63 (4x), 69, 74 (6x), 82, 84, 87, 91, 98, 106, 112, 117, 122, 124, 129 o

Richard Flohr, De Meern: p. 10 (8x), 12 (4x), 13 b (2x), 15 (3x), 32 b, 34, 39 o, 51 (6x), 60, 66 (6x), 70, 73 (9x), 93 o (9x), 96 (8x), 104 m, 129 b (8x)

Colofon:

Omslagontwerp: Lava, Amsterdam

Vertaling vormgeving omslag: Marieke Zwartenkot, Amsterdam

Ontwerp binnenwerk: Marieke Zwartenkot, Amsterdam

Omslagfoto's: Shutterstock, Hollandse Hoogte

Opmaak: OKS, Chennai (India)